Haute Couture in the Kitchen

Robert Balsamo

Paola Buratto Caovilla

# HAUTE COUTURE
## in the KITCHEN *Sins and Pleasures*

SKIRA

# Table of Contents

6
The type of party

28
La Seduzione ai bordi
di un Bicchiere

45
Mettere le mani in Pasta

54
Il giardino da mangiare

72
Nel segno dell'Acqua

102
Pane nostrum

120
A caccia di piaceri

153
World Cuisine

172
Farsi tentare da
un'anima nera. Cioccolato

212
I Sensi e il Vino

# The type of party

*What should you throw?*

A lunch or a tea, a cocktail, a dinner, or a dance...

Dinner parties are my *favorite way to entertain*.

W hen I invite my guest, I think about few things that will make a party funny. First, I invite people I really want to see.

Second, I like to mix interesting people from different worlds who might not see one another all the time and I do try to invite a surprise guest who everyone wants to meet. It creates a "buzz" and gets the energy of the party going.

People can be (deadly) serious about their parties.
Many of them forget that parties are organized for pleasure.

*Why are there so few great parties anymore?*
It's easy to organize a great proper party, with beautiful food,
flattering light and well-ballanced list of guests, but it's so
much harder to throw an unforgettable event, a magical
night, the kind of party you will remember for years and
consider yourself lucky to have attended.

*Planning a Party:*

setting the party date is crucial (try
to avoid those times when you and
your friends are thoroughly partied
out (in the first week of January or
during the month of August).

(tratto da R. Kirdar Sindi, J. Craig-Martin, *Be My Guest:
Theme Party Savoir-Faire*, Assouline, New York-Paris, 2002)

7

# The Theme

*Non fare l'errore di credere che serva
un tema solo per le feste in maschera.
Ci vuole un tema in tutti gli eventi mondani,
magari solo il colore delle linee o la varietà
dei piatti per dare colore alla stanza.*

# The seating

*Puoi lasciare che gli ospiti si
scelgano i commensali o organizzare
una cena placé, come per l'amore,
è un argomento su cui è praticamente
impossibile dare consigli … ma
1) non mettere tutte le persone
simpatiche allo stesso tavolo.
2) non far sedere le coppie vicine.
3) non decidere i posti a tavola fino
al giorno prima perché ci sarà sempre
qualcuno che all'ultimo non viene.*

# Party at home

*Se non ti piace cucinare, non farlo! Quando si tratta di ricevimenti ci sono tre alternative per il cibo: la cucina di casa, la cucina del ristorante o il catering. Il bello del cibo cucinato a casa è che qualunque cosa raccoglie sempre elogi e apprezzamenti.*

*Se però ti piace cucinare, tieni a mente questa regola fondamentale: "prepara tutto quello che puoi in anticipo". Non c'è niente di peggio di una padrona di casa che passa più tempo in cucina che con gli ospiti …*

*Ratti*

*Throwing a Dinner or a Lunch party is
a spontaneous happening that stems from
love of people and enjoyement of friends*

*Food and decorating with lovely flowers and pretty lines are ways of giving my friends happiness*

*For me, entertaining is a part of the "Living well is the best revenge" theory of life and gives me an opportunity to share what I do*

# Be My

# Guest

*Uno di quei momenti*
*che non ti cambiano la vita,*
*ma fanno comunque la differenza*

*R.S.V.P.*
*Montegrappa's Peace Pen is made*
*of solid Platinum (950/1000)*
*and decorated with stipple-engrared,*
*Baccarat glass panels and 1259 diamonds*
*which make total of 48 carats.*

*Si sta bene al mondo se ci si sta con Creatività,
ci si sta con Creatività se si esce dagli schemi,
concedendosi i piaceri della vita ottimizzati al massimo,
depurati dai sensi di colpa e di peccato*

*You live well if you live Creatively,
you live Creatively if you get off the well worn paths,
granting yourself the fullest pleasures of life,
purified of sin and guilt.*

"Gli ingredienti in cucina sono nobili come i tessuti nella moda. E quello che mi piace nel mio lavoro è che nella realizzazione di un'opera le mani si associano allo spirito.

E, se la cucina è un'opera dell'intelligenza, le mani ne sono le fedeli esecutrici. Perché la realizzazione di un' opera non può essere perfetta se la creatività non è legata in modo indissolubile all'abilità delle mani". Così parlava Christian Dior. E non a caso. Due sono state le sue grande passioni: la moda e la cucina. Il couturier era quello che si dice un raffinato buongustaio. Anzi, pensava che la gastronomia fosse arrivata agli uomini direttamente da Dio.

# Haute Cuisine

"Ingredients in cooking are as noble as fabrics in fashion. What I like about my work is that my hands are joined with my spirit in the creative act. And, if cooking is an act of intelligence, the hands are its faithful executors. Because the realization of a work cannot be perfect if creativity is not indissolubly linked to the skill of the hands." Thus spoke Christian Dior. And it wasn't just idle chatter. He had two great passions in life: fashion and cooking. Indeed, we would have to describe the couturier as a fine Epicure. He believed that the gastronomic art was a direct gift from God to mankind.

Tous ceux qui ont connu Christian Dior
en parlent comme d'un hôte incomparable.
Mais, étant gourmet, il était plus encore,
répondant en quelque sorte au propos de Molière:
Le véritable Amphitryon
Est l'Amphitryon où l'on dîne...
Ainsi fut-il un des derniers "tout-parisiens"
à avoir un chef.
Autrefois les grands chefs de cuisine couraient
les hôtels particuliers plutôt que les restaurants.
A l'image de Versailles, chaque grand seigneur
avait son maître-queux, en était fier
et le posait en rival du chef de ses amis
ou de ses pairs. Ce furent ces grandes toques-là
qui, jetées sur le pavé par la Révolution,
ouvrirent les premiers "restaurants".
En se démocratisant la cuisine perdait
de son intimité, de sa personnalité aussi.

et l'ignorance à l'art. Et il ajoutait:
"Rien n'est plus touchant que l'illusion
où sont tant de personnes que, chez elles,
"on ne mange pas mal". Elles y ont le goût fait".
Ceux qui eurent les joies, joies gourmande
et joie de l'amitié, de connaître la table
de Christian Dior savent bien qu'il ne fut pas
de ceux-là. Dumaine, le Grand Alexandre,
le magicien des casseroles de Saulieu,
me disait un jour : " Lorsqu'un dîner
est parfaitement bon d'un bout à l'autre,
étonnez-vous comme d'un visage de femme
qui n'aurait aucun défaut."

Un menu dessiné par Christian Dior en janvier 1940.

Heureux, ceux qui p
prier des amis à dîne.
conférer avec leur che
qui leur sera servi! On
tout le sérieux, tout le p
de Brillat-Savarin : "convie        un à sa table,
c'est se charger de son bonheur durant
tout le temps qu'il passe sous son toit".
Mais n'est pas l'Amphitryon qui veut!
Ne faut-il pas, soi-même, céder
au plus doux des péchés, celui de gourmandise
que Balzac tolérait aux moines vertueux?
Car les prétentions à la gastronomie
ne sont pas toujours justifiées.
C'est un hommage - disait Jacques Bainville -
que la ratatouille rend à la cuisine

. Christian Dior
a trop su parer la femme pour supporter
ses défaut. Ainsi en cuisine, me semble-t-il.
Et nous pouvons en croire cet autre poète
de la cuisine et des choses gourmandes,
Raymond Thuilier, lorsqu'il nous dit
de son ami : "Il comparait très volontiers
la cuisine et la passion qu'il en avait,
avec son métier". Parbleu! La cuisine aussi
est imagination, élégance, souplesse,
patricienne discrétion et, là où il faut
mais pas ailleurs: éclat !
Avec Christian Dior disparu nous venons ici,
grâce aux soins pieux de l'amitié
et du souvenir, de nous mettre à table
une fois encore.
On l'en peut remercier.
Et lever ensemble notre verre où,
sous la parure du cristal,
mousse la soie du champagne...

**Robert J. Courtine**

*Christian Dior a tavola
ritratto da Bouche nel 1957
(Archivio Christian Dior)*

Camille
74

Odette

"Black Swan"
*Autumn-Winter 1949.*
*Sketch by Monsieur Dior (left)*
*and drawing from*
*the design department (right).*

# Note

Quando si pianifica un menù bisogna valutare bene i diversi sapori affinché siano complementari e si distinguano l'uno dall'altro senza entrare in competizione. L'ordine con cui i piatti vengono serviti influisce sul loro grado di apprezzamento: è meglio non entrare subito nel vivo con la pietanza più succulenta, perché se si serve per prima, tutto il resto sembrerà insipido.

# Swing your party

| Tema | Musica | Drink |
|---|---|---|
| Mexico | Asia Cina | Madame Butterfly |
| Spagna | Dragoni | Pink Cadillac Margarita |
| Brasile | The girl from Ipanema | Casablanca Oasis |
| Marocco | Ray of light | Bellini |
| Notte Magica a Venezia | Cabaret | Mai Tai |
| Jamaica in Southampton | Greetings from Hawaii | Martini |
| Sofisticata City | Night and Day | Kir Royal |
| S. Valentino | La Vie en Rose | Mojto |
| Arte Cultura | The Lion | Caipiriña |

# Haute Cuisine
# Haute Couture

Quando il piacere dei fornelli
si trasforma in autentica poesia

Make an Entertaining Kitchen

Indispensabile per infondere

# Il Buonumore Energia Positiva

# Cucina come sensuale armonia

La cucina è un'arte che vive di creatività e fantasia, che si arricchisce tutte le volte che qualcuno prepara un piatto tradizionale, trovandone nuove varianti, aggiungendo il tocco della propria inventiva. Il poeta latino Orazio in una delle sue satire ha scritto: "Porri, ceci, focaccia di grano".

# There's one sure way To make guests feel at home: Invite them into your kitchen

I sapori, gli aromi della cucina paesana dei vari paesi portano con sé lo spirito della civiltà che li ha prodotti, e possono rivelarne a chi li assaggia l'anima più intima e segreta.

La tavola, intesa come luogo dove si consuma il pasto, è stata la culla della civiltà umana avendo contribuito a trasformare il bisogno alimentare in piacere estetico dai diversi risvolti filosofici.

Scriveva Anthelme Brillant-Savarin ancora nel 1825: "La scoperta d'un nuovo manicaretto giova all'umanità più di una nuova scoperta di una stella."

# La culla della civiltà

La tavola è simbolo di ospitalità, lezione di vita e di comportamento a e volte con le sue apparecchiature fa del suo aspetto una rappresentazione simbolica scenografica. Oggi le cose sono più semplici ma il piacere per una tavola è sempre un appagante, forse grazie a tendenze, soluzioni e suggestive composizioni che contengono colori e forme ispirate alla natura, alla modernità, all'arte, alla moda.

# La Seduzione
# ai bordi di un Bicchiere

Si pone del ghiaccio in una coppa per miscelare, lo si fa ruotare dentro ad essa con un leggero movimento della mano finché il cristallo della coppa diviene rugiadosamente opaco, poi si getta il ghiaccio e si aromatizza la coppa strizzandovi delle buccette di limone. Si aggiungono poi le 15 parti di gin. Si imprime alla coppa un movimento rotatorio leggerissimo. Si aggiunge quindi la sola parte di Martini dry. Un altro lieve movimento come sopra e il tutto è pronto, versato in coppette coniche a lungo stelo e guarnito con un'oliva infilzata in uno stecchino. Gin e Martini ovviamente debbono essere mantenuti a temperatura piuttosto bassa.

Aperitivo come divertimento, occasione d'incontro. Rito raffinato da consumare in luoghi speciali, magari con l'abito adatto come negli anni '60: tubino nero o abito da sera, con tacco alto!

## Cocktail con rum e zenzero fresco

*Per 1 persona*
*1 dl di rum scuro, 1 cucchiaino di zenzero*
*fresco grattugiato, 1 cucchiaino di zucchero*
*di canna, 2 fettine di limone e 3 di lime*
*Unite tutti gli ingredienti*
*in uno shaker con ghiaccio tritato e agitate con forza.*
*Servite in bicchieri da cocktail guarnendo con radici*
*di zenzero fresco.*

## Bloody Mary

*Per 4 bicchieri*
*12 cl di vodka*
*il succo di un limone*
*tabasco q.b.*
*4 cucchiai di salsa Worcester*
*sale e pepe q.b.*
*1 confezione di succo di pomodoro*
*4 gambi sottili di sedano con le foglie*
*1 limone verde*
*cubetti di ghiaccio (12 circa)*
*Mettete i cubetti di ghiaccio in una brocca*
*e unite, nell'ordine, la vodka, il succo di limone,*
*tre spruzzate abbondanti di tabasco, la salsa*
*Worcester. Salate e pepate a vostro gusto.*
*Mescolate bene e aggiungete succo di pomodoro.*
*Servite in bicchieri da bibita decorati*
*con un gambo di sedano e 1/4 di limone verde.*

# Un sorso di classe

## Prendiamo un aperitivo?

Il Bellini è una bevanda fresca "inventata" in occasione di una mostra veneziana dedicata appunto a Giovanni Bellini e alla sua scuola. Si compone di un passato di pesche, possibilmente quelle venete a polpa bianca, diluito con del prosecco ben freddo. Metà succo di pesca (non zuccherato) e metà prosecco, oppure due terzi vino e un terzo pesca. Io che amo molto una tal bevanda, quando trovo le pesche giuste in stagione, ben saporite, le pelo, le mondo, le taglio a pezzetti e le frullo con un po' di succo di limone, poi le passo in frigo in vasetti di marmellata che ne contengono 400 grammi.

Il rito del cocktail e dell'aperitivo rappresentano momenti nella vita di società, occasioni per incontrare gli amici, discutere di lavoro al di fuori dell'ufficio o di approfondire nuove conoscenze.

Il cocktail quindi sta assumendo sempre più il carattere di un rituale domestico; un invito a liberare la propria fantasia, divertendosi ad abbinare i colori e a usare forme con una creatività cui fa riscontro la vocazione del cocktail quale rito per tutte le stagioni e… per tutti gli ambienti: soggiorno, giardino, cucina… piscina …

# Let's Celebrate Shake

Vodka Save al Passion Fruit
Frozen Caipirosca Fragola
Daiquiri Banana
Pink's
Mojito

I like everything to be mixed up, versatile and with lots of spirit. To combine people Tableware and Food as if they were all ingredients!

Not just saturday night

Cocktail La Seduzione ai Bordi di un Bicchiere ...

# Social Mixers

*Nanà Bottazzi*

## Metropolis

Squeeze the juice of one lemon into a mixing glass or cocktail shaker. Add itsp caster sugar. Pour in a generous measure of mandarin vodka and Mandarin Napoleon liqueur. Add some ice-cubes and shake well. Strain the ingredients through a sieve into a frozen cocktail or champagne glass. Rub the rim of the glass with a piece of orange peel, squeeze the zest over the glass and then flame it with a lighter before floating it on the surface.

## Apple Crumble

Take a Cataline, Slim Jim or pint glass and fill with crushed ice. Douse with half a teacup measure of juiced apple, the juice of one lime and itsp vanilla-flavoured caster sugar. Pour on 50ml Tanqueray gin, an egg cupful of apple juice, plus a dash of apple liqueur and cinnamon shnapps. Stir the drink and top it with crushed-ice. Decorate with chopped apple and sprinkle with cinnamon.

## Very Berry

Dice a lime, grab a handful of raspberries and blueberries and throw it all into a tall glass. Add itsp caster sugar. Pour a 50 ml measure of vodka into the glass. Crush the fruit using a rolling pin. Add a scoop of crushed ice and stir. Pop some berries on top and drizzle with crème de mûre or berry liqueur.

*Un invito speciale, a base di*
*piccoli bocconi*
*da presentare, perché no, su un cucchiaio.*

Daturi e Motta

*There is nothing better than* Cocktail Time *the pleasure of eating with your fingertips and concentrating food into something very small.*

*Uno dei posti più belli del mondo...*

*un pranzo di nozze... un anniversario...*

*una festa... e perché no...*

*una notte d'amore...!*

Cipriani alla Giudecca, Venezia

Cucina come alta moda? Lo si è detto tante volte. Cucina complice del tuo bisogno di restare attaccata alle radici, a una tradizione? Cucina come passatempo dettato dal nuovo corso del tempo sociale, new shopping da condividere con amiche vecchie e nuove? Tanti interrogativi che mi sfrucugliano in testa mentre guardo con attenzione anzi, con passione, la mia cipolla che imbiondisce al punto giusto e insieme il colare della "glassa" dai torrioni della mia torta di menta e cioccolata. Scrivere i pensieri che ti attraversano mentre rigiri gli involtini in frittura badando che il ripieno resti bene entro i confini naturali del rouleau è come tracciare note in libertà su un pentagramma destinato a fornire una lettura più sottile, un gioco di armonie al quale contribuiscono i colori, gli odori, i sapori, ma soprattutto un approccio che conosco nelle sue pieghe segrete. Cucina come amore, come risposta evocatrice di ammiccamenti misteriosi, di messaggi che in ogni caso parlano d'amore? Il bisogno di "toccare" che si materializza impastando una torta, cucina come glossario di un approccio colmo di rapporti materni: cucina per dire, per dare alle persone che ti sono più care una partecipazione affettiva, fisica, sensuale? Forse mi ha colto di sorpresa apprendere che questa passione che accompagnava il segreto delle mie ore personalissime in famiglia o con gli amici più cari ai quali indirizzo la mia creatività gastronomica è diventata un passatempo di lusso, una "moda" a mezza strada tra il mondano più esibito e il piacere di dare agli altri qualcosa che per loro abbiamo realizzato, inventato, creato, toccato. Questo l'aspetto più intrigante del nuovo trendy: regalarsi l'attività più semplice, più antica, declinata in un dizionario di emozioni che registra punte d'interesse estremo di qua e di là dell'Oceano.

Cooking as haute couture? It has been said many times. Cooking as an accomplice of your need to stay attached to a tradition, to your roots? Cooking as a hobby dictated by the new nature of social time, new shopping to indulge in with old and new girlfriends? Millions of questions race around my head while I carefully — no, lovingly — watch as my onion takes on that perfect golden brown color and the "icing" slowly flows down from the turrets of my mint and chocolate cake. Writing down the thoughts that run through your head while you stir the frying roulades, making sure the filling stays within the natural boundaries of the roll, is like writing notes freely on a musical staff intended to provide a more subtle reading, a play of harmonies in the key of colors, smells, and flavors. But above all I identify it with an approach hidden in its secret melodies. Cooking as an act of love, as a response akin to enigmatic winks, to messages which invariably speak of love? The need to "touch" that emerges as you mix up a cake, cooking as a glossary of maternal expressions: cooking as a means of saying something, for welcoming your dear ones into an affective, physical, and sensual participation? Perhaps it took me by surprise to realize that this passion — which imbues the secret of my intimately personal hours spent with my family or my closest friends, to whom I address my gastronomic creativity — has become a luxury hobby, a "fad" drawing equally from the tendency toward ostentation of the most fashionable society and the pleasure of giving others something that we have invented, made, created, and touched for them. This is the most intriguing aspect of the new trends: indulge in the simplest, most ancient activity, varying it through a dictionary of emotions that embraces extreme points of interest here and on the far side of the ocean.

# The new shopping is cooking

Per un pranzo preparato chez soi – come esige la nuova dottrina "fornello e psiche" – consumato rigorosamente in casa con gli amici, davanti a una tavola imbandita, agghindata come potrebbe esserlo una bella donna uscita da un atelier a lettere maiuscole, arrivano elogi e cenni di apprezzamento gratificanti, così importanti quando provengono dalla persona più cara, un marito, un figlio, un amore; ma è fuorviante limitare il piacere di cucinare alla raccolta di consenso tout court.

In quel piatto che si presenta intatto per uno spazio di pochi secondi, subito ghermito dal primo colpo di forchetta curiosa, c'è di più, c'è una dimensione, un linguaggio, c'è il bisogno di stare insieme meglio, più intensamente, c'è una comunicazione da non rivelare ma da intuire legata a un profumo di arrosto piuttosto che all'aroma pétillant del ginger. A tavola, una bella tavola in una casa elegante, si sciolgono differenze, si concludono affari con maggiore confidenza, nascono intese suggerite da una gratitudine inespressa tra la cuoca, regista di un momento in ogni caso alto e piacevole, e i suoi commensali.

Se la mano esente da lavoro brutale porge una pressione delicata alla sfoglia del frangipane, si stabilisce un "rapporto", un transfert che dà l'avvio a un gioco di sentimenti.

Cucina sentimentale dunque? Si sono scritti libri, si sono fatti film, sono state create pagine e pagine per proporre ricette come supporti psicologici, a volte come rimedi terapeutici.

For a meal prepared *chez soi,* as demanded by the new doctrine of "stove and psyche" — a meal never eaten anywhere but at home with friends, around a sumptuously laid table, decked out like a beautiful woman coming out of an atelier written in capital letters — you receive gratifying praise and signs of appreciation, which are all the more precious when they come from your dearest ones, your husband, your child, your lover. But we would be doing an injustice if we equated or limited the pleasure of cooking to the simple collection of positive comments.

In that dish that remains intact only for the space of a few seconds before being invaded by the first proddings of a curious fork, there is more, there is a dimension, a language, there is the need to spend time together better, more deeply, there is communication that must not be openly uttered but rather intuited from the aroma of a roast, or the sparkling smell of ginger. At the table, a beautiful table in an elegant house, differences dissolve, business is conducted with greater trust, understandings are born, growing out of the unexpressed gratitude between the cook, choreographer of an encounter that is always soaring and pleasurable, and her table companions.

If the hand exempted from rough work exerts a gentle pressure on the frangipane pastry, a "relationship" is established, a transfert that gives rise to an interplay of sentiments.

So, is that sentimental cooking? Books have been written, films made, pages and pages created to propose recipes as psychological supports, and at times as therapies for a host of ailments.

# Un nuovo modo di vivere il "social"?

Una serata che consente spazi alla creatività associata alle antiche radici? Un trendy che si propone di rivisitare dimensioni dimenticate? C'è anche una moda e un modo di avvicinare i fornelli con quella civetteria che una donna di oggi è abituata a portarsi addosso: niente di più eccitante di una scarpa sottile, preziosa, una mise da teatro indossata da una donna vestitissima che con la mano ingioiellata apre il portello del forno per estrarre la sua "opera" prima di correre all'appuntamento per una soirée irrinunciabile.

Esiste comunque una "moda" per affrontare le ore in cucina, anzi, un modo che assicuri comodità: "per avvicinarsi al tavolo dove ci si aspetta una lepre da insaporire, sarà bene tenere piedi divaricati e ginocchia morbide che consentano quell'ondeggiamento necessario per affrontare il lavoro di preparazione che richiede manualità e destrezza". E in ogni caso ubbidire all'imperativo: "bacino in dentro, senza pietà". Sugli abiti, nulla da eccepire: non si parla più di 'grembiuli', ci può essere qualcosa di più originale di una schiafata di farina bianca sul rever del blouson Dior o sulla minigonna griffata ultimo Lagerfeld? E come legger quel frammento di impasto trattenuto dalla corona di brillanti che chiude lo smeraldo a carati da capogiro, infilato sulla mano curatissima e senza età?

Da quando ho scoperto la possibilità di trasferire impulsi creativi – quella che possiamo definire la nostra piccola arte – nella confezione dei cibi, nella preparazione di una cenetta tra intimi o di un pranzo anche per un numero consistente di invitati, ho potuto cogliere una trasformazione della mia personalità, un valore aggiunto all'approccio con chi desidero vicino. Un desiderio che si associa necessariamente a un bisogno di armonia che il mio lavoro nel mondo della moda votato alla bellezza mi ha dato come compagna irrinunciabile, affidando questa astrazione ora a un vestito, un cappello, un profumo o una scarpa di estrema raffinatezza che rendono più stimolante, positivo, un incontro a tavola, dove – sia pure con ingredienti diversi – funziona lo stesso meccanismo.

Spazi nuovi, nuovo lusso, un nuovo stile per realizzare tutto ciò che resta di una donna all'inizio del terzo millennio. Un dialogo antico che oggi una gran parte dell'altra metà del cielo sembra aver scoperto decifrare quel misterioso linguaggio legato al cibo che racconta una storia infinita, dalla creatività all'istanza culturale, all'affetto di chi c'invia con la sua abilità messaggi che parlano di una sensualità percepibile solo dalle persone più accorte, disponibili a quell'arte conviviale che parte dalla risata per arrivare attraverso il gusto alla sensazione più alta del piacere.

Questa l'offerta segreta che può trasformare una semplice cena preparata con amore in un momento altissimo, una dichiarazione d'amore, una pagina di erotismo gastronomico (ma non solo…) scritta dai cinque sensi allertati insieme: bellezza, aroma, sapori, il piacere di qualcosa che mani hanno plasmato, hanno costruito, hanno toccato; quel rumore di convivio, colonna sonora speciale fatta di parole che si incrociano, bicchieri che tintinnano, postate che delicatamente si lasciano intuire, sorrisi aperti su possibili amicizie che nascono alzando insieme una coppa. Una musica umana viva, che aiuta ad amare, ad amarsi.

An evening that makes room for creativity drawing from ancient roots? A trendy person who sets out to rediscover forgotten dimensions? There is also a method, and a style, associated with approaching the stove without shedding the coquetry that today's woman is used to carrying with her: nothing more exciting than a cook in a delicate, fine shoe, than theatre wear worn by a woman dressed to the nines who opens the oven door with a jeweled hand to extract her "creation" before racing off to meet her date for a must-be-there soirée.

In any case, there is a "fashion" — or better, a method — governing the hours spent in the kitchen, one that ensures comfort: "as you approach the counter where a rabbit lies waiting to be seasoned, you do well to keep your feet apart and knees slightly bent to provide the flexible, rocking posture best suited to the preparation work requiring manual skill and dexterity". And in any case obey the rule: "always keep your tummy tucked in". Regarding clothes, no objections: 'aprons' are out. Could anything be more original than a dash of white flour on the collar of your Dior blouse or on the latest Lagerfeld miniskirt? And how do we read that bit of dough caught in the halo of diamonds enclosing an emerald so big it would make your head spin, worn on a timeless, perfectly manicured hand?

Ever since I discovered the possibility of transferring creative impulses into the preparation of foods, into the preparation of an intimate dinner, or a lunch for a large number of guests — something we might call our small art — I have noted a transformation in my personality, an added value to my approach to those I want near me. It is a desire necessarily associated with a need for harmony that my work in the fashion world, dedicated to beauty, has given me as an indispensable traveling companion. I apply this need, this abstraction, to an extremely refined dress, to a hat, a perfume, or a shoe capable of making an encounter around the table all the more stimulating and more positive, an encounter, where the same mechanism is at work, albeit based on different ingredients.

New spaces, new luxury, a new style for creating all that is left to create of a woman at the beginning of the third millennium. An ancient dialogue that today a good part of the "other half of the sky" (i.e., women) seems to have discovered to decipher that mysterious language of food that tells a never-ending story. It is a story that ranges from creativity to cultural need, to the affections of she who ably sends us messages that speak of a sensuality perceptible only to the most aware people, those who are open to that convivial art that germinates in laughter, and then nourished by taste reaches the highest experiences of pleasure.

This is the secret offering that can transform a simple dinner prepared with love into an extremely lofty moment, a declaration of love, a page of gastronomic (but not only…) eroticism enscribed by the five senses in heightened unity: beauty, aroma, flavor, the pleasure of something that hands have shaped, built, touched; that sound of a banquet, a special soundtrack made of words that intersect and mingle, the tinkling of glasses, silverware that gently adds a subtle note here and there, smiles opening up potential friendships that are born lifting a cup together. A living, human music, that helps us to love, to love ourselves.

*Materia e antimateria. Intelletto e passione.
Anche quando è solo, l'uomo in cucina non è
mai espressione di bisogno. Non si nutre, non
nutre. Crea, conquista. Non prosegue un disegno di
riproduzione, non dona. Prende almeno quanto offre.
Il cibo maschile è sfida, territorio di conquista. Atto a soggiogare
le donne, ma anche i rivali: "Mio caro, non posso darvi la mia
ricetta", scrive Gioacchino Rossini ad Alexandre Dumas padre
a metà dell'Ottocento, "ma venite domani a mangiare i
maccheroni da me e, se davvero siete il grande cuoco che si dice,
sarete certo in grado di riconoscere gli elementi costitutivi del
piatto preferito dal re Nasone".
Le donne sanno, sentono l'uomo che conosce di cucina, ne
percepiscono a pelle la seduzione, pregustano la tenerezza
violenta dell'istante in cui si offriranno a quel cibo che è forza,
dolcezza, violenza, malizia, gioco di rimandi:
"Angelica ti porto a conoscenza/ della scoperta fatta questo
mese/ un'insalata che può avere pretese,/ di non temere alcuna
concorrenza./ Devi prendere olio di Provenza/ al quale
aggiungerai senape inglese/una spruzzata di aceto francese/
olio, pepe, lattuga e con prudenza/ del succo di limone. Indi
tagliato, un buon tartufo aggiungere dovrai,/ il tutto ben
sbattuto e lavorato".
È il 1816, ed è ancora Rossini a scrivere, ma questa volta in
risposta alla lettera di un grande amore, la cantante Isabella
Angelica Colbran, che si informa sul suo stato di salute dopo
il clamoroso insuccesso del Barbiere di Siviglia al teatro
Argentina di Roma.
"Ciò che mi interessa ben altrimenti che la musica, cara Angela, è
la scoperta che ho fatto di una nuova insalata...". E l'afrore del
tartufo, l'umore dell'insalata diventano una nuova asserzione di
orgoglio maschile e di presa di possesso dell'essere femminile: non
esiste altro al di fuori di questo momento, di queste righe, di questi
elementi noti solo a noi due e che io svelo a te. Ciò che creo è tuo,
perché tu ne diventi parte. L'uomo da cucina vuole essere rapido,
veloce. Non perde tempo, semmai lo concede. La sua seduzione è
fatta di istanti, è l'"aeropranzo" di Filippo Tommaso Marinetti
e di quella cucina futurista che si ingegna di non appesantire
uomini e pensieri. Momenti, sensazioni, che la donna riesce a
cogliere nel loro divenire, nella sua percezione più estesa della
dimensione temporale, anche quando queste percezioni, queste
analogie appaiono scontate, come nel Macellaio di Alina Reyes,
un uomo eccitante e brutale come "i suoi pezzi di prima e seconda
scelta, esigenti, avidi di bruciare la loro vita, di trasformarsi in
polpa". Avido è l'aggettivo giusto, quello che definisce, racchiude
l'uomo da cucina. Coglie lo sguardo femminile, lo indaga, lo
fruga. Ne conosce le debolezze come mai un uomo incapace di
cucina potrebbe immaginare. E a quella donna a cui offre cibo,
prende cibo. La donna è cibo, cibo diventa, cibo viene percepita
e vissuta. Per Rodolphe Boulanger (e già quel cognome che sa di
fuoco e di forno...) Emma Bovary che chiede amore è come la
carpa, liquida, voluttuosa, che si dibatte cercando ossigeno sul
tavolo dove sta per morire. Cibo è senso, amore, abbandono.
"Chi bacerai? A chi morderai le labbra?" chiede Catullo a
Lesbia che l'ha lasciato, Lesbia colmata di carezze, risate e
prezioso sale. E Lesbia torna. L'uomo da cucina. Demiurgo.
Capitano di ventura.*

MARIA FABIANA GIACOMOTTI

# Cuoco di passione

# Note

# Mettere le mani in Pasta

li studiosi sono concordi nell'attribuire a Sibari la paternità della pasta alimentare. In Grecia i malaria, specie di gnocchetti cilindrici, venivano consumati come cibi rituali solo nelle veglie funebri. Sibariti e crotonesi a partire dal VII secolo a.C. invece li introdussero nella normale alimentazione. Questi gnocchetti (che esistono ancora nella cucina calabrese con il nome di strangugliaprieviti o strozzapreti) furono a un certo punto appiattiti facendovi scorrere sopra un legno cilindrico (l'antesignano del mattarello) e divennero laganon (una specie di larga tagliatella, testimonia Apicio nel *De re coquinaria*, in seguito assunta nella cucina romana come laganum). E il nome di làgane o raganelle permane tutt'oggi. Veniva preparata impastando farina e talvolta verdura cotta e poi cucinata nell'acqua condita con strutto o lardo fuso o miele o brodo di carne ristretto o mischiata con verdure.

a riscoperta di un rito; la soddisfazione di mettere in tavola qualcosa preparato con le mie mani. Per preparare una buona pasta è meglio utilizzare una spianatoia tradizionale, poiché la superficie un po' ruvida del legno è più adatta alla lavorazione. Il primo passo che potrebbe sembrare banale, è quello di versarvi la farina, che deve essere disposta a fontana, formando cioè una sorta di cratere nel quale sguscerete le uova. Cominciate a lavorare i due ingredienti con la punta delle dita. Quando farina e uova risulteranno ben amalgamate in un primo impasto che tenderà a sbriciolarsi, lavorate energicamente la pasta per almeno 10 minuti tirandola da tutti i lati, allargandola e ripiegandola finché diventerà liscia ed elastica. Quando si sarà ottenuto un impasto della giusta elasticità, si può incominciare a tirare la sfoglia, ricordandosi di tenere il panetto con la pasta che non si sta utilizzando ben coperto da un panno umido per evitare che tenda ad asciugarsi e a seccarsi. Per chi ha meno tempo a disposizione e vuole ugualmente avere la soddisfazione di avere la pasta fresca, potrà usare un robot da cucina con ottimi risultati. Le macchine per la pasta sono costruite in acciaio con rulli di larghezza diversa. Una manopola regola lo spessore della sfoglia. Le macchine possono essere dotate di apparecchi da taglio, cioè rulli forniti di speciali dischi taglienti che permettono di realizzare tagli diversi, dai capelli d'angelo alle tagliatelle e così via.

## Pasta all'uovo

*3 tazze di farina*
*4 grosse uova*
*2 cucchiaini di sale*
*Disponete la farina a fontana, rompete le uova nel centro e aggiungete del sale. Sbattete le uova con una forchetta e incorporatevi gradualmente tutta la farina. trasferite l'impasto ottenuto su una superficie leggermente infarinata e lavoratelo con le mani finché risulterà liscio e omogeneo (può darsi che occorra aggiungere un po' d'acqua). Dividetelo in 4 porzioni che stenderete nello spessore desiderato utilizzando un mattarello o una macchina per la pasta. Tagliate la pasta secondo l'uso che dovete farne e copritela con un panno umido, per poi cuocerla entro poche ore. Tuffatela in abbondante acqua leggermente salata in ebollizione e scolatela appena sarà al dente. Se invece desiderate farla essiccare per conservarla, appendetela a un manico di scopa pulito o a un cucchiaio di legno e lasciatela asciugare per 1-2 ore (a seconda del clima). Quando sarà indurita, conservatela in recipienti a chiusura ermetica. Per circa 250 g di pasta.*

*Ingredienti in porzione:*
*1 uovo - 1 etto di farina*
*2 uova - 2 etti di farina*

## Pâte à brioche en couronne

Pour former une couronne, il faut poser la boule de pâte sur le plan de travail largement fariné. On se farine ensuite l'index et le médius, puis on les enfonce au centre de la pâte, on agrandit le trou et on imprime un mouvement circulaire aux doigts jusqu'à ce que la pâte soit entraînée par le mouvement. On obtient alors une couronne.

> Méfiez vous du piège : n'utilisez jamais une pâte à brioche surgelé pour un saucisson, à moins que vous la serviez en dessert car il faut toujours avoir à l'esprit que la pâte à brioche vendue surgelée est très sucrée......

## Pâte à crêpes : "elle doit laisser des traces"

La pâte à crêpes ne doit pas être trop liquide. Pour s'en assurer, on trempe la louche dans la pâte, on la retourne et on passe le doigt. Si elle a la bonne consistance, la trace reste bien nette.

On peut aussi réaliser des crêpes au chocolat sans farine et sans jaunes d'œufs. Pour cela mélangez 25 gr de beau sucre à 4 cuillières à soupe de lait et 13 gr de cacao en poudre. Ajouter 25 gr de beurre fondu et 6 blancs d'œuf cassés c'est à dire fouettées quelques secondes le temps nécessaire pour

## Crêpes au chocolat

qu'ils commencent à faire des bulles.

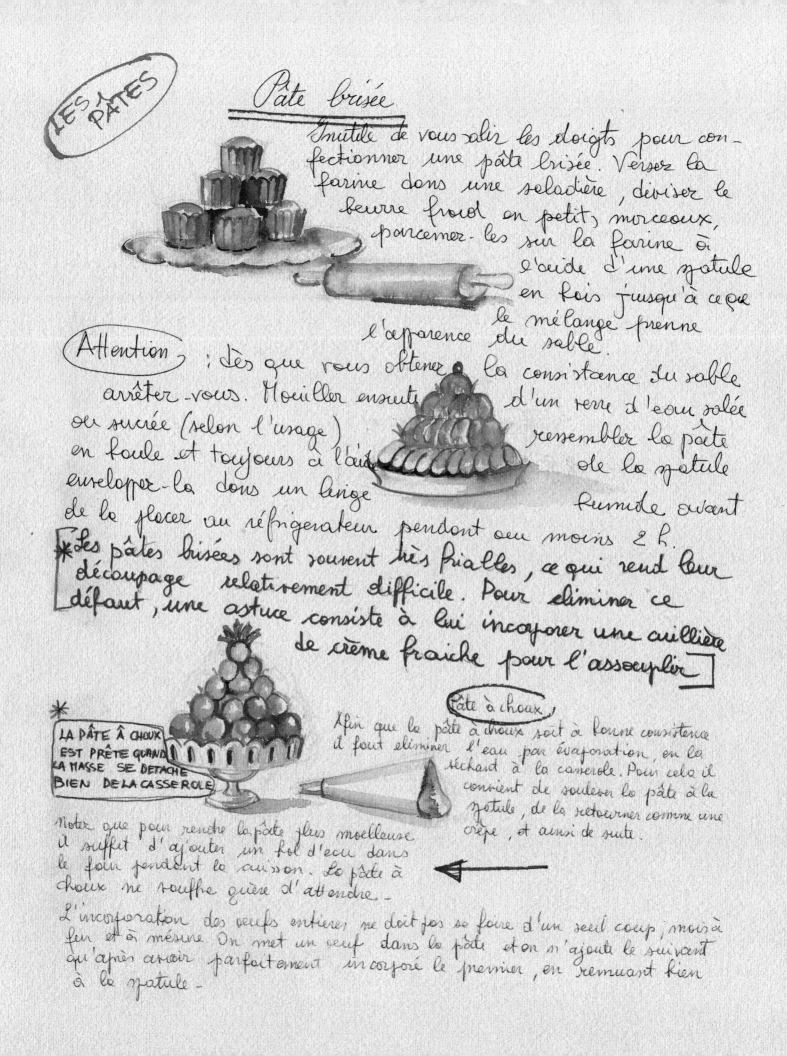

# Pâte brisée

Inutile de vous salir les doigts pour con-fectionner une pâte brisée. Versez la farine dans une saladière, divisez le beurre froid en petits morceaux, parsemez-les sur la farine à l'aide d'une spatule en bois jusqu'à ce que le mélange prenne l'apparence du sable.

**Attention** ; dès que vous obtenez la consistance du sable arrêtez-vous. Mouiller ensuite d'un verre d'eau salée ou sucrée (selon l'usage) en boule et toujours à l'aide de la spatule enveloppez-la dans un linge humide avant de la placer au réfrigérateur pendant au moins 2 h.

\* Les pâtes brisées sont souvent très friables, ce qui rend leur découpage relativement difficile. Pour éliminer ce défaut, une astuce consiste à lui incorporer une cuillère de crème fraiche pour l'assouplir

## Pâte à choux

Afin que la pâte à choux soit à bonne consistence il faut éliminer l'eau par évaporation, en la séchant à la casserole. Pour cela il convient de soulever la pâte à la spatule, de la retourner comme une crêpe, et ainsi de suite.

\* LA PÂTE À CHOUX EST PRÊTE QUAND LA MASSE SE DETACHE BIEN DE LA CASSEROLE

Noter que pour rendre la pâte plus moelleuse il suffit d'ajouter un bol d'eau dans le four pendant la cuisson. La pâte à choux ne souffre guère d'attendre.

L'incorporation des oeufs entiers, ne doit pas se faire d'un seul coup, mais à feu et à mesure On met un oeuf dans la pâte et on n'ajoute le suivant qu'après avoir parfaitement incorporé le premier, en remuant bien à la spatule.

# Agnolini mantovani

*Per 150-200 agnolini. Tempo: 1 h e 20 min.*

*Lessare fino a metà cottura 100 g di petto di pollo,*
*100 g di lombo di maiale, 100 g di polpa di vitello e*
*100 g di salamino fresco; pulire e sbollentare 100 g di fegatini*
*di pollo; passare tutto al tritacarne. Preparare un battuto*
*con 50 g di grasso di prosciutto, 1/2 cipolla, 1 spicchio*
*d'aglio; metterlo in un tegame con 1 cucchiaio di olio*
*extravergine d'oliva e 30 g di burro e far soffriggere a fuoco*
*lento, insaporire con sale, pepe, cannella. Rosolare le carni*
*nel soffritto; fuori dal fuoco aggiungere 1 uovo e 1 tuorlo,*
*la noce moscata e il parmigiano grattugiato. Il composto*
*dovrà essere morbido ma compatto. Con 400 g di farina*
*e 4 uova preparare la pasta, stendere le sfoglie, ricavarne dei*
*dischi, farcirli con il ripieno e realizzare gli agnolini.*
*Cuocerli in 2,5 l di brodo di carne sgrassato e servirli con*
*parmigiano grattugiato.*

# Tagliatelle alla romagnola

*Per 4 persone. Tempo 30 min.*

*Tritare un ciuffo di prezzemolo e 1 spicchio d'aglio*
*e far rosolare con olio extravergine d'oliva.*
*Unire 500 g di pomodori freschi tagliati a pezzi, sale e pepe;*
*cuocere a fuoco lento per circa 1/2 ora, quindi passare*
*la salsa. Cuocere 400 g di tagliatelle in abbondante*
*acqua salata; scolare al dente.*

# Agnolini di Parma

*Per 800 g di agnolini. Tempo: 1 h e 20 min.*

*Sono simili ai precedenti ma il ripieno è preparato con il solo*
*sugo, passato al setaccio, di un brasato di 600 g di polpa*
*di manzo cui si devono aggiungere:*
*45 g di pangrattato, 150 g di parmigiano, 1 uovo*
*e un pizzico di noce moscata. Mescolare accuratamente,*
*amalgamando bene. Formare gli agnolini come spiegato*
*nella ricetta precedente e cuocerli in brodo di carne.*
*Il manzo brasato servirà come pietanza.*

*Accademia del Costume e della Moda, Fiamma Lanzara*

# Uova aromatiche

Volete preparare delle uova del tutto speciali,
che profumino degli aromi da voi preferiti? È facilissimo.
Dopo averle acquistate, adagiatele, prima di riporle
nel frigorifero, su un letto di erbe aromatiche fresche,
quelle che vi piacciono di più: salvia, timo, maggiorana…
Lasciatele riposare qualche giorno. Al momento dell'utilizzo
vi accorgerete che ne hanno assunto il profumo. La ragione
è semplice: il guscio è molto poroso e assorbe facilmente
qualsiasi odore, passandolo poi all'albume e al tuorlo.
Il profumo si sentirà maggiormente se saranno
sottoposte a breve cottura.

# Uova strapazzate
## ai tartufi

200 g di tartufi

9 uova

2 cucchiai di panna fresca

1 cucchiaiata di grasso d'oca o di anatra

sale, pepe

Il giorno prima, se i tartufi sono freschi, disporli in una scatola,
a chiusura ermetica, con le uova, il cui guscio poroso lascerà
penetrare il profumo dei tartufi. Il giorno dopo, affettare
sottilmente i tartufi e metterli in una casseruolina aggiungendo
un bicchiere d'acqua poco salata. Lasciar sobbollire per 10
minuti perché il liquido si riduca. Battere le uova e la panna.
Aggiungerle ai tartufi e al liquido di cottura. In un'altra
casseruola, unta con un po' di grasso d'oca o di anatra e posta
a bagnomaria in una casseruola più grande contenente acqua
bollente, versare il composto e mescolare ininterrottamente e
regolarmente senza premura. Le uova si addensano,
diventando cremose. Togliere allora dal fuoco e continuare
a mescolare per alcuni minuti perché le uova arrivino
a consistenza perfetta. Servire immediatamente.

# Uova al curry

2 uova, un pizzico di curry, 80 g di pomodori maturi e sodi,
1/2 cipolla, 1/2 spicchio d'aglio,
un pizzico di zenzero, un pizzico di cumino tritato,
peperoncino, olio extravergine d'oliva, sale
Rassodate le uova, fatele raffreddare, sbucciatele e tagliatele
nel senso della lunghezza. Affettate parte della mezza cipolla,
tritate l'altra insieme con l'aglio e tagliate a pezzettini i
pomodori dopo averli pelati e privati dei semi. In un tegame
fate rosolare la cipolla affettata; quando si sarà imbiondita,
togliete il tegame dal fuoco, unite il trito d'aglio e cipolla,
le spezie e il sale, poi rimettete al fuoco per 5 minuti.
Unite i pomodori e fate cuocere a fiamma bassa
e pentola coperta finché la salsa non si sarà rappresa.
A questo punto aggiungete nel tegame le uova,
fatele insaporire e gustatele cosparse di sugo.

## Sauce Béarnaise

"Des pièges qui comptent pour du beurre"

La béarnaise comporte des pièges, mais on peut tous les éviter:
- si les jaunes d'œufs deviennent trop épais et commencent à coaguler, on peut ajouter quelques gouttes d'eau ; s'ils moussent et ne deviennent pas crémeux, la température est trop basse ; on s'approche alors davantage de la source de chaleur, sans cesser un seul instant de fouetter.

## Sauce Tomate "aussi mauvaise graine"

Après cuisson, la sauce tomate doit être passée au travers d'un tamis ou d'une passoire fine, ce pour quoi on se contente souvent de couper les fruits en quartiers avant cuisson. Mais le temps qu'on gagne ici, on le perd ailleurs. Mieux vaut monder puis épépiner les tomates avant cuisson - que les graines et les peaux obstruent, exigeant ensuite un nettoyage fastidieux pour les en déloger. Cela évite le tamis. On ajoute un peu de sucre en poudre si les tomates sont trop acides. Si elle manquent de goût, il convient de relever la sauce en y incorporant un peu de concentré de tomates.

## SAUCE PIQUANTE (NE SOYEZ PAS CORNICHON!)

IL FAUT EMPLOYER DES ÉCHALOTES GRISES POUR RÉALISER UNE BONNE SAUCE PIQUANTE. SI L'ON NE SUPPORTE PAS LA TROP GRAND ACIDITÉ DU VINAIGRE, ON DOIT LE COUPER DE VIN BLANC.

## Sauce Mousseline (pour se faire mousser)

La sauce mousseline n'est autre qu'une sauce hollandaise dans laquelle on incorpore de la crème fouettée pour l'alléger. ① la crème doit être froide et bien fouettée, et le montage doit se faire dans un saladier placé sur de la glace pilée.

# Omelette : La loi du nombre

Première règle : ne jamais dépasser 6 oeufs.

Deuxième règle : les oeufs doivent être battus sans excès à la fourchette. Dès qu'ils moussent à grosses bulles, on arrête.

Troisième règle : ajouter soit un peu de lait, soit un peu de beurre fondu.

Quatrième règle : la cuisson doit être faite au gaz et non sur une plaque électrique.

Quand ces règles sont respectées et la poêle bien beurrée, il faut passer aux tours de main.

* Le premier consiste, une fois les oeufs versés dans le beurre chaud, à secouer la poêle dans un mouvement circulaire tout en relevant les bords de l'omelette à la spatule, pour que la partie liquide coule sur celle-ci et vienne mourir en se coagulant sur le rebord de la poêle. Les trois derniers tours de main constituent le pliage en trois. On soulève la queue de la poêle et on amène l'omelette par à-coups sur le bord de celle-ci jusqu'à ce qu'elle vienne mordre son rebord ①. Ainsi penchée, on soulève à la spatule la partie amont de l'omelette et on la rabat jusqu'à son milieu ②. Enfin on baisse la queue de la poêle et on procède de même pour rabattre l'autre bord.

Pour terminer, on renverse l'omelette dans le plat d'un geste vif afin que le dessous devienne le dessus, et on la nappe d'une fine couche de beurre.

(Les meilleures poêles pour réussir les omelettes sont les poêles en fonte)

Pour donner un parfum agréable d'ail à l'omelette il suffit de frotter d'une gousse d'ail le saladier dans lequel on bat les oeufs

# Elogio del frigo pieno

Ti guarda, ti chiama, ti invita, ne subisci il richiamo

come quello delle sirene di Ulisse

Inquietante Golem d'acciaio

Fortezza espugnabile

Monumento alla gola

Exhibition d'arte culinaria

Tempio faraonico dell'arte del surgelato

Miniera di prelibatezze

Museo dell'avanzo

Luna park dei sensi

Parco nazionale di primizie

Babelica torre di inconfessabili segreti

Altare della leccornia

Wunderkammer della papilla gustativa

Riserva naturale di acque scintillanti

Alchemico laboratorio di sapori

Cassaforte del cibo

Enciclopedico dispensatore di piacere

Amico notturno sempre pronto al dialogo

Nemico giurato di ogni dieta

Subdolo, mellifluo e tentatore come il serpente del Paradiso Terrestre

Cattedrale dai mille odori

Ingiurioso attentato alla linea

Tomba di ogni rinuncia

Bagliore aperto su notti insonni

Insaziabile divoratore di delizie

Addomesticata fiera dai denti d'acciaio

Consolatore di momenti cupi

Tutto questo e molto di più... ed è solo un frigorifero!

# il gusto parte
## dalla vista...

ma non è l'unico senso coinvolto

nell'atto di assaporare.

Il nutrirsi è infatti un piacere

che unisce tutti i sensi:

## gusto, olfatto,

ma anche tatto.

Si inizia infatti a desiderare

il cibo non appena si entra

in un luogo grazie all'atmosfera,

alla dislocazione dei tavoli,

alle luci, alla musica, ai decori;

elementi che messi insieme

contribuiscono ad accrescere il piacere.

# Il giardino da mangiare

*Mescolare ortaggi, piante aromatiche e fiori, l'utile al dilettevole. Per tornare ad assaporare le stagioni. Non solo con gli occhi...*

È fra Quattrocento e Cinquecento, in particolare in Francia, che nascono i primi potager, gli elegantissimi orti-frutteti realizzati per nobili e sovrani, pervasi dallo stesso sofisticato rigore ed elaborato formalismo che caratterizzava il resto del giardino. A quei tempi, l'orticoltura e la frutticoltura avevano un fine ornamentale, oltre che utilitaristico, tanto da diventare una vera e propria arte, raffinatissima e altamente decorativa. Ebbene, l'"orto-giardino" o, se vogliamo, il "giardino da mangiare", è oggi tornato nuovamente in voga, anche se su scala ridotta. Coltivare soltanto rose e tulipani, insomma, non basta più: il giardiniere alla moda li abbina alle zucche e alle melanzane, ai cavoli e alle lattughe. E soprattutto si diverte a sovvertire gli usi consueti, mescolando con fantasia piante produttive e ornamentali.

# Il lusso legato alla tavola

*Regalarsi il meglio in una maniera più disinvolta e personale per goderselo in privato o in una cerchia ristretta di amici!*

*Un impalpabile mix di cultura, sensualità, curiosità e piacere del bello!*

*Coniugare semplicità e luogo, senza rinunciare a tocchi di creatività!*

Nelle ore passate nell'orto
trovo una Sensazione di Intensa
Felicità anche per cose da nulla:
un alito di vento, un filo di fieno,
il profumo intenso di'erba appena
tagliata....

È un mondo completo rassicurante...
...e capisci...
di quanto poco c'è bisogno nella Vita.

## Bouillon : clarification

Pour clarifier un bouillon, le blanc d'œuf est de rigueur
Pas question, cependant, de la monter en neige, auquel cas il serait
trop aérien, restant ainsi en surface. L'astuce consiste en "le
casser", c'est à dire le battre, sans excès, jusqu'à ce qu'il dégage
de grosses bulles. Ensuite incorporez-le au liquide
bouillant. Ainsi le blanc tombe au fond
de la marmite, puis remonte en surface
entraînant avec lui les impuretés.

Comment passer tes légumes
au tamis

Écraser les légumes① en ramenant
le pilon vers soi ② puis le
soulever pour le ramener à son point
de départ, etc.

(QUAND IL S'AGIT DE LEGUMES
À PEAU ÉPAISSE (HARICOTS, LENTILLES) IL CONVIENT
D'ELIMINER TRÈS REGULIÈREMENT LES PEAUX
À L'AIDE D'UNE CUILLIER POUR QU'ELLES
N'OBSTRUENT PAS LES MAILLES DU TAMIS)

## Mousse de légumes (pas de coup dur)

Il convient de passer la mousse au
travers d'un tamis très fin et ne
pas la mettre au réfrigérateur.
En la saisissant le froid la rend
compacte.

IMPORTANT

(Les pommes de terre, les marrons, les
féculentes doivent être passées très
chaudes)

# Pommes de terre

Pommes de terre soufflées : les tranches doivent être taillées en une épaisseur de 1/2 cm. avant d'être plongées dans un huile pas trop chaud; dès que les tranches remontent à la surface on amène très rapidement l'huile à une température élevée et, aussitôt que les tranches gonflent on les retire de la friture; enfin, quand la température de l'huile est au maximum on les replonge et on retire la bassine du feu, en les laissant encore 1 min. dans la friture, le temps qu'elle sèchent.

## POMMES DE TERRE DUCHESSE

LA POMME DE TERRE DUCHESSE N'EST AUTRE QUE DE LA PULPE DE POMME DE TERRE LIÉE AU JAUNE D'OEUF ET AU BEURRE ET SERVIE SOUS FORME DE CROQUETTE; IL EST PRÉFÉRABLE D'UTILISER DE GROSSES POMMES DE TERRE FARINEUSES ET DE LES CUIRE "EN ROBE DE CHAMPS" AU PRÉALABLE. UNE FOIS SORTIES DU FOUR, ON LES FEND EN DEUX, ON LES ÉVIDE LORSQU'ELLES SONT ENCORE TRÈS CHAUDES, ET ON MÉLANGE LA CHAIR RECUEILLIE AVEC LE BEURRE ET LES JAUNES D'OEUFS.

### Pommes au four

On peut farcir les pommes d'un mélange de blancs d'oeufs montés et de chair de pommes hachées.
Quelle que soit la farce qu'on leur destine, il faut retirer le chapeau et les évider à l'aide d'une cuiller, puis frotter l'intérieur avec une moitié de citron. Et surtout mettre également les chapeaux des pommes au four pour qu'ils fassent office de socle. Après les avoir posés, côté tranché sur le plat ① on place chaque pomme dessus. Ainsi pendant la cuisson, les pommes resteront droites.
Pour bien caraméliser des pommes au four, il faut boucher le trou de la pomme préalablement évidée ② avec un petit morceau de pâte d'amandes puis recouvrir de sucre.

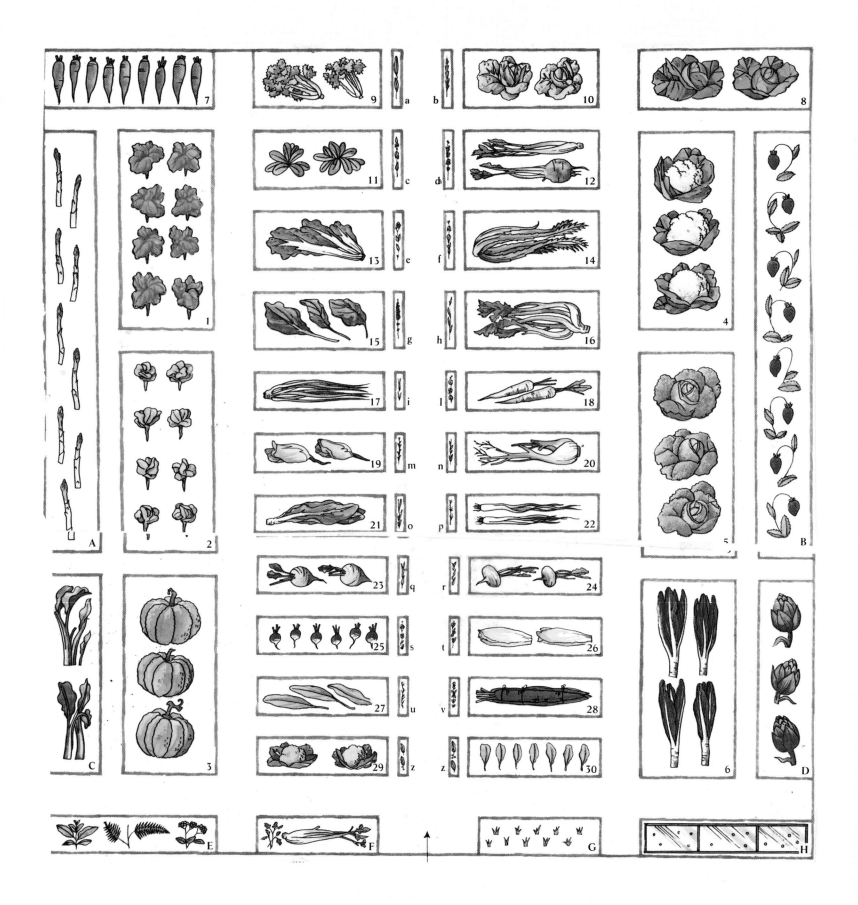

*tenendo sempre presente il sole... solo con il suo aiuto... raccolgo!*

| ORTAGGI | EPOCA DI SEMINA | MODALITÀ DI SEMINA | EPOCA DEL TRAPIANTO A DIMORA | EPOCA DI RACCOLTA | CICLO COLTURALE |
|---|---|---|---|---|---|
| 1 Spinaci | agosto-novembre | a dimora | - | autunno-inverno | 2-4 mesi |
| 2 Cicoria ceriolo | giugno-luglio | a dimora | - | inverno | 5-8 mesi |
| 3 Zucca d'inverno | maggio-giugno | a dimora | - | autunno | 5-6 mesi |
| 4 Cavolfiore | maggio-giugno | in semenzaio | luglio-settembre | autunno-inverno | 5-6 mesi |
| 5 Cavolo verza | aprile-giugno | in semenzaio | luglio-settembre | autunno-inverno | 5-8 mesi |
| 6 Cicorie rosse | giugno-luglio | a dimora | - | autunno-inverno | 5-6 mesi |
| 7 Carote | maggio-agosto | a dimora | - | autunno-inverno | 4-6 mesi |
| 8 Cavolo cappuccio | maggio-giugno | in semenzaio | luglio-agosto | autunno-inverno | 4-7 mesi |
| 9 Indivia | giugno-agosto | in semenzaio | agosto-settembre | autunno-inverno | 3-5 mesi |
| 10 Lattughe | luglio-ottobre | in semenzaio | agosto-ottobre | autunno-inverno | 2-3 mesi |
| 11 Valeriana da orto | agosto-ottobre | a dimora | - | autunno-inverno | 2-4 mesi |
| 12 Sedano | aprile-maggio | in semenzaio | giugno-luglio | autunno-inverno | 5-8 mesi |
| 13 Biete da coste | aprile-luglio | a dimora | - | autunno-inverno | 3-5 mesi |
| 14 Cardo | aprile-maggio | a dimora | - | autunno | 6-8 mesi |
| 15 Biete da taglio | maggio-agosto | a dimora | - | autunno-inverno | 2-5 mesi |
| 16 Broccoletti di rapa | luglio-settembre | a dimora | - | autunno-inverno | 2-4 mesi |
| 17 Catalogna | giugno-settembre | in semenzaio | luglio-ottobre | autunno-inverno | 4-5 mesi |
| 18 Cicorie a radice | aprile-giugno | a dimora | - | autunno-inverno | 5-7 mesi |
| 19 Cicoria pan di zucchero | giugno-luglio | a dimora | - | autunno | 4-6 mesi |
| 20 Finocchio | giugno | a dimora | - | autunno-inverno | 4-6 mesi |
| 21 Lattuga romana | giugno-settembre | in semenzaio | giugno-ottobre | autunno-inverno | 3-5 mesi |
| 22 Porro | maggio-giugno | in semenzaio | luglio-agosto | autunno-inverno | 4-6 mesi |
| 23 Ramolacci d'inverno | giugno-luglio | a dimora | - | autunno-inverno | 4-6 mesi |
| 24 Rapa | luglio-agosto | a dimora | - | autunno | 4-6 mesi |
| 25 Rapanelli | luglio-settembre | a dimora | - | autunno | 1-2 mesi |
| 26 Cicoria belga | maggio-giugno | a dimora | - | autunno | 5-6 mesi |
| 27 Cicoria spadona | agosto-ottobre | a dimora | | autunno-inverno | 1-3 mesi |
| 28 Scorzobianca | marzo-maggio | a dimora | - | autunno-inverno | 7-9 mesi |
| 29 Broccoletti verdi | maggio-agosto | in semenzaio | luglio-settembre | autunno-inverno | 4-6 mesi |
| 30 Lattughino da taglio | settembre-ottobre | a dimora | - | autunno-inverno | 1-2 mesi |

La sera ragione d'essere di un orto è capire che è un organismo vivo ed il gioco sta nell'ingerore, dei soli, quanto dona spontaneamente la terra.

## Alloro, Scalogno

un spicchino di etenna di prosciutto stagionato, non devono mai mancare nell'elaborazione di zuppe e risotti perché conferiscono quel nerbo e quello zucchero di aromi che aglio e cipolla più abitualmente usati non sanno dare.

Il Timo, la Maggiorana, la Salvia, il Rosmarino il Basilico, l'Origano

e i loro fiori che hanno un nettare lo stesso che profuma i sapori, il quale raggiunge il vertice della bontà nel proprio tempo balsamico, quando la pianta può meglio conferire al piatto Profumi delicati e precisi che avvolgono l'olfatto con la freschezza di un Campo Fiorito

## Spaghetti con crema di fiori di zucca

*Per 4 persone*

*Frullate con il minipimer 150 g di fiori di zucca già puliti*
*con 50 g di Parmigiano Reggiano grattugiato,*
*4 cucchiai di olio e una macinata di pepe;*
*amalgamate alla crema 50 g di ricotta al forno.*
*Lessate al dente 350 g di spaghetti; scolateli tenendo*
*da parte un po' d'acqua di cottura, conditeli con la crema*
*di fiori di zucca, allungate eventualmente con qualche*
*cucchiaio dell'acqua di cottura tenuta da parte; rimestate*
*bene, spolverizzate con il formaggio grattugiato*
*e con una macinata di pepe, decorate*
*con qualche foglia di basilico e servite.*

## Melanzane farcite

*Per 4 persone*

*4 grosse melanzane, 3 cipolle tritate, 6 pomodori ramati,*
*160 g di carne di vitello tritata, un ciuffo di prezzemolo.*
*1 spicchio d'aglio, olio extravergine d'oliva,*
*noce moscata, sale, pepe*

*Tagliate le melanzane a metà per il lungo e incidete*
*la polpa in più punti. Scottatele in acqua salata,*
*passatele in un colapasta e lasciatele sgocciolare bene.*
*Fate imbiondire le cipolle tritate in un tegame con*
*4 cucchiai d'olio, unite la carne, una noce moscata*
*e lasciate colorire in modo uniforme, mescolando spesso.*
*Aggiungete 4 pomodori prima pelati privati dei semi*
*e tritati, prezzemolo e aglio tritati, sale e pepe e proseguite*
*la cottura a fuoco medio finché il sugo si sarà addensato.*
*Disponete le melanzane in una teglia leggermente*
*unta d'olio, farcite le incisioni con il sugo preparato*
*e completate con i pomodori rimasti tagliati a rondelle*
*Mettete in forno caldo a 180° per 25 minuti circa*
*e servite tiepido o freddo.*

## Timballo di crêpe e zucchine

*Per 6 persone*

*90 g di farina*
*40 g di latte*
*3 uova*
*1 kg di zucchine*
*1 kg di pomodori maturi*
*1 spicchio di aglio*
*50 g di Parmigiano Reggiano o*
*di Grana Padano grattugiati*
*2 rametti di basilico*
*pane grattato*
*burro, sale*
*olio extravergine d'oliva*

*Frullate insieme alla farina, il latte, 1 uovo, 1 presa*
*di sale e 1,5 dl di acqua fredda. Ungete una padellina da*
*20 cm con un pezzetto di burro infilato su una forchetta.*
*Versate 1/8 del composto in uno strato uniforme,*
*fatelo rassodare, poi girate la crêpe e cuocetela un minuto*
*circa anche dall'altra parte. Preparate allo stesso modo*
*altre 7 crêpe. Spuntate le zucchine, affettatele tagliandole*
*per il lungo e friggetele 1-2 minuti per parte, fatele*
*poi asciugare sulla carta da cucina, salatele.*
*Spellate i pomodori, scartate i semi, tritate la polpa.*
*Soffriggete uno spicchio di aglio con tre cucchiai di olio,*
*unite la polpa di pomodoro, salate e cuocete a fiamma*
*vivace per 15 minuti circa, finché il sugo è sufficientemente*
*denso. Scartate l'aglio. Imburrate uno stampo rotondo*
*da 20 cm e rivestitelo di pane grattato. Sbattete le 2 uova*
*rimaste. Impanate da un solo lato alcune fettine*
*di zucchina, passandole prima nell'uovo sbattuto e poi*
*nel pane, e rivestite il fondo delle pareti dello stampo*
*allineandole con la parte non impanata verso l'interno.*
*Adagiate sul fondo dello stampo una crêpe, fate uno strato*
*di zucchine fritte, ricoprite con la salsa, cospargete*
*con il formaggio grattugiato, mettete qualche foglia*
*di basilico spezzettata e completate con una crêpe.*
*Continuate ad alternare gli ingredienti fino*
*ad esaurimento. Comprimete il timballo, cospargetelo*
*di pane grattugiato e versatevi sopra l'eventuale uovo*
*sbattuto rimasto. Cuocete per 30 minuti nel forno già*
*caldo a 190°. Fatelo intiepidire prima di sformare.*
*È ottimo anche se servito freddo.*

## Risi e bisi

*Per 4 persone*

*1 kg di piselli freschi (baccelli compresi), 200 g di riso,*
*60 g di burro, 50 g di pancetta, un ciuffo di prezzemolo,*
*1,5 lt di brodo, un cipollotto,*
*2 cucchiai di olio extravergine d'oliva,*
*3 cucchiai di Parmigiano Reggiano grattugiato, sale, pepe.*

*Sgranate i piselli e immergete i baccelli*
*ben lavati nel brodo freddo, lasciando poi bollire*
*per circa un'ora. Filtrate e passate i baccelli al setaccio,*
*raccogliendo la polpa ottenuta e rimettendola nel brodo.*
*Nel frattempo tritate separatamente la pancetta,*
*il prezzemolo e affettate il cipollotto. Aggiungete i piselli*
*e lasciateli stufare per qualche minuto, bagnandoli*
*con qualche mestolo di brodo bollente. Versate quindi*
*il resto del brodo, portate ad ebollizione e unite il riso,*
*cuocendolo al dente e mescolandolo spesso con un cucchiaio*
*di legno. Aggiungete sale e pepe e, poco prima di spegnere*
*il fuoco, mantecate, aggiungendo il burro rimasto*
*e il parmigiano grattugiato al fine di ottenere*
*una minestra densa, che va servita ben calda*

## Pasta con verdure crude

*Per 4 persone*

*500 g di pappardelle o di fettuccine fresche*
*1 cucchiaio di olio semplice o al basilico*
*2 spicchi d'aglio schiacciati*
*85 g di foglie tenere di spinaci*
*85 g di foglioline di bietola*
*85 g di rucola*
*185 g di formaggio di capra stagionato sbriciolato*
*pepe nero macinato*
*capperi piccoli*

*Fate cuocere le pappardelle in abbondante acqua salata*
*e scolatele appena saranno al dente; tenetele in caldo.*
*Riscaldate l'olio in un pentolino e rosolatevi l'aglio*
*fino a imbiondirlo; togliete dal fuoco.*
*Riunite le verdure in una ciotola e conditele con l'olio*
*caldo del soffritto, mescolando delicatamente.*
*Sistemate le pappardelle in singoli piatti fondi*
*da portata e conditele con le verdure,*
*il formaggio di capra, il pepe e i capperi.*

# Simply Fresh

**C**ooking **S**imply and **S**easonally using produce at its absolute Best and **F**reshest.

**I**ndulging in **S**ummer stone fruits and crisp Spring greens, relishing the earthy flavours of **A**utumn vegetables and the comforting warmth of slow-cooked **W**inter produce.

**C**reating food infused with the rich and varied

Nature has already dictated the flavours that perfectly suit each seasons so select your ingredients and enjoy the Best that

Flavour that reflect the changing mood of the year

Fresh has to offer

Seasonal cooking means extracting maximum impact from produce appropriate to that time of the year, not only indulging in summer stone fruits and crisp spring greens, but also enjoying the hearty, earthy flavours of winter vegetables.

Decorate the table with a bowl filled with summer colour: lemons, limes, avocados & mangoes. It doesn't come easier than that!

# Voglia di tenerezza

Di patate, certo. Ma anche di mango, fragole o lumache. Tornano tutte le seduzioni della purea. Fa parte dei piaceri della gola, ma raramente ci si fa caso. Abituati a badare al sapore, a perdersi tra le innumerevoli sfumature di bontà che si collocano tra il dolce e il salato, l'aspro e l'amaro, raramente si sa apprezzare appieno le gioie della texture, la tessitura, la consistenza di un cibo. Sotto questo profilo, l'Oriente è maestro, nella sua puntigliosa scala di bilanciamenti nella struttura di una ricetta, che va dal molle al croccante.

Ed è proprio la qualità della morbidezza che, negli ultimi tempi, ha saputo guadagnarsi la ribalta dei ristoranti più alla moda. Dopo lunghi, insondabili percorsi, torna infatti con incredibile prepotenza il più tipico complemento della tavola ottocentesca: la purea. Parliamo di Ottocento, perché è la patata che consegna alla gloria questo tipo di preparazione, ma l'uso di ridurre un cibo alla quinta essenza del suo sapore appartiene già ai ricettari medioevali. In un gioco di setacci, stamigne (l'étamine dei francesi, vale a dire il panno che si usa per filtrare), passini, chinois (il passaverdura a forma di tronco di cono, come il cappello tradizionale di un mandarino cinese), lo chef diventa così un alchimista e trasforma la sua materia, la plasma in un gioco di richiami minimalisti.

## Purea di fave e zafferano

*Per 4 persone*

*1 kg di fave surgelate, 10 cucchiai di olio d'oliva,*

*1 cucchiaino di zafferano in polvere,*

*6 Kiri (6 confezioni di latte di cocco),*

*sale grosso, sale e pepe.*

*Cuocere le fave, in 2 l di acqua salata, per circa*

*20 minuti. Scolarle, lasciarle intiepidire e spelarle.*

*In una padella scaldare metà dell'olio con lo zafferano*

*e aggiungere le fave. Farle dorare per almeno 7 minuti,*

*rimescolando regolarmente, aggiungere un cucchiaio d'olio*

*se necessario. Frullare le fave con i Kiri e il resto dell'olio.*

*Aggiustare di sale e pepe. Disporre sul piatto da portata*

*e decorare con fave intere. Volendo, si può accompagnare*

*con spiedini di mini caprini arrotolati*

*in fette di prosciutto crudo*

## Gâteau di patate

*Per 12 porzioni*

*Patate kg 3, 3 uova intere e 4 tuorli, strutto di maiale e*

*burro g 180, fiordilatte g 500, parmigiano grattugiato*

*g 120, latte dl 3; pane grattugiato g 50.*

*Tempo di cottura: 1 ora nel forno a 180°.*

*Lessare le patate con buccia in acqua salata,*

*pelarle e setacciarle. Porle in una ciotola con il grasso*

*tolto dal frigorifero qualche ora prima; unirvi le uova*

*e impastare con le mani. Versarvi il latte, aggiungervi*

*il parmigiano e amalgamare bene per un impasto*

*molto morbido. Assaggiare per giudicare se è necessario*

*aggiungere sale. Ungere di olio d'oliva e cospargere*

*di pane grattugiato una teglia da tavola del diametro*

*di 28 cm e sistemarvi l'impasto in due strati.*

*Tra l'uno e l'altro porvi il fiordilatte a dadi non piccoli.*

*Sulla superficie spolverizzare un po' di pane grattugiato*

*e infornare in forno già caldo. Quando al bordo*

*si intravedono bollicine di cottura contare il tempo*

*necessario. Servito caldo il Gâteau*

*risulta spumoso e soffice.*

## Vellutata di zucchine e curry

*Per 20 persone*

*In una capace casseruola, scaldate 8 cucchiai di olio*

*d'oliva; unite 4 grosse cipolle pelate e tritate finemente e fate*

*rosolare per 3 minuti. Spolverate con 4 cucchiaini di curry,*

*rimestate e bagnate con 2 dl di brodo vegetale bollente.*

*Affettate a rondelle 3,5 kg di zucchine, unitele al brodo,*

*rimestate e salate. Portate a ebollizione, abbassate la*

*fiamma, coprite e fate cuocere lentamente per circa*

*25 minuti o finché le zucchine sono tenere.*

*Fate intiepidire la zuppa e passatela al mixer per ottenere*

*una crema. Conservatela in frigo; al momento di servire,*

*incorporate 500 g di yogurt greco, rimestate bene,*

*regolate di sale, cospargete di pepe nero macinato*

*al momento e con 2 cucchiai di cerfoglio o prezzemolo*

*tritato; accompagnate con crostini spalmati*

*di caprino fresco.*

L'apparizione della **Patata** in Europa nel 1500 si deve a Luigi XIV il Re Sole: a Lui ebbi in omaggio alcuni semi di quella nuova pianta. Spuntati i bei fiorellini e cresciute le prosperose foglie, il Sovrano le fece cogliere, cuocere e servire.

## Tortilla Española

5 patate medie, 5 uova, 1 cipolla, rosmarino, 25 gr. di olio d'oliva, sale, pepe.

Sbucciare ed affettare sottilmente le patate e la cipolla. Mettere una padella antiaderente sul fuoco e fare soffriggere l'olio e il rosmarino tritato finemente. Aggiungere la cipolla e le patate, salate e pepate facendo cuocere a fiamma bassa per 15 m. Battere le uova in una scodella capiente ed unirle alle patate e cipolle che nel frattempo saranno cotte. Dopo aver amalgamato versare il tutto in una padella con l'olio caldo e fare cuocere a fiamma moderata per 10 m scuotendo spesso la padella affinché la frittata non si attacchi e cuocere. Capovolgere con l'aiuto di un piatto e finite di fare cuocere l'altra parte, aggiungendo un cucchiaino d'olio. Servire ben calda su un largo piatto di portata.

## Polpette di Patate al Forno

Lessate 1 Kg di patate con la buccia in acqua salata, buccciarle e passarle subito al schiacciapatate ancora calde. Aggiungere del formaggio pecorino grattato, un battuto di aglio e prezzemolo, 3 uova intere e un pizzico di peperoncino. Formate con l'impasto alcune polpette che ricoprirete di pan grattato. Ponetele in una teglia di cui avrete unto il fondo con scaglie di burro. Mettere in forno ben caldo finché sulle polpette si formerà una bella crosticina dorata.

# Nel segno dell'Acqua

# Nel segno dell'Acqua

Il pesce, simbolo di fertilità, nei tempi veniva pescato solo dalle donne che lo catturavano a mani nude. Acqua e mare, infatti, erano considerati elementi femminili. Secondo la mitologia greca, la Ninfa Anfitrite sposa a Poseidone, signore degli Oceani, stabilì la fine dell'attività matriarcale.

Greci prima, romani poi, impararono ad usare reti, tridenti, arpioni; alla plebe era destinato il pesce conservato, sott'olio o affumicato, mentre nobili e potenti si cibavano di pesce fresco proveniente da mari, laghi e fiumi. Nelle Tavole raffinate Ostriche e Crostacei.

I Molluschi venivano associati, da sempre, allo status di chi li consuma; erano considerati un bene pregiato anche per le loro conchiglie, da cui si ricavavano utensili o monete di scambio. I Greci usavano le volve persino in alcune attività pubbliche: per votare o come supporto su cui scrivere il nome dei cittadini destinati all'esilio; Il termine Ostracismo (dal greco ostrakos conchiglia)

I romani attribuirono all'aragosta virtù afrodisiache, saranno però i Galli, dopo la conquista romana a sviluppare la loro diffusione, da qui il grande uso nella cucina francese.

# Haute Couture in Cucina

## As if they were all ingredients

*I like everything to be mix'd up, versatile and with lots of spirit...*
*To combine people, tableware and food.*

# Lo stile definisce l'Eleganza!

L'individualità è tutto!

Inventarsi artisti decorativi: che la creatività

diventi uno stile, dove il piacere del cibo

si mescoli alla scelta dei piatti, dei bicchieri

e della tovaglia, in base al luogo, agli impegni,

adeguandosi ai riti del giorno.

# Polenta e Sa 'lame coto

Sia la polenta che il salame sono stati sempre considerati 'cibi dei poveri', anche se oggi è un vezzo per raffinati gustarli come antipasto in molte occasioni. Fino a non molto tempo fa, infatti, nelle cucine dei contadini veneti, sul fuoco del caminetto era sempre pronto un paiolo con l'acqua bollente per far la polenta, e nelle loro cantine non mancavano mai i salami e le soppresse. Del resto, anche nei tempi difficili delle guerre, i contadini non restavano mai a secco, perché l'orto forniva pur sempre verdura, i campi grano e polenta, i maiali carne e salumi, le mucche latte, e così via. Il granoturco (nonostante il nome, perché turco non è) fu un dono della Spagna, anzi dell'America, donde fu portato dai conquistadores all'Europa e alla Serenissima. Già alla fine del XVI secolo la sua coltura era diffusa in ogni parte del Veneto. Della pianta si sfrutta tutto: le foglie e i culmi spezzettati come alimento del bestiame; i tùtoli per far fuoco; le scartasse, cioè i cartocci secchi delle pannocchie, per imbottire i materassi; e naturalmente le cariòssidi per ricavarne farina gialla o bianca. Si mangiava più polenta che pane, perché questo era più costoso e bisognava in genere acquistarlo dai forieri (fornai), e si accompagnava con tutto: il pesce (con polenta bianca), il formaggio, il tocio (l'intingolo degli umidi), i funghi, i fichi, persino il radicchio e l'insalata. Nelle campagne, non molto tempo dopo la raccolta del granoturco, alla fine dell'autunno, o all'inizio dell'inverno "se faséa su el porco", cioè si ammazzava il maiale, si lavorava, e si preparavano salumi (soppresse, ossocolli, salsicce, cotechini, ecc.). Il sistema casalingo di far su i salami era – ed è, naturalmente – quello di mescolare una parte grassa di maiale a 5 di magra, tritate insieme più o meno grossolanamente secondo i gusti, unirvi un pesto finissimo di aglio (o no, a piacere), abbondante sale e grani di pepe, mescolare bene di nuovo tutto l'impasto e insaccarlo dentro budella di porco ben pulite, chiuse con spago sopra, sotto e all'intorno. Poi i salami venivano appesi nelle cantine ben areate e fatti stagionare. Salare e insaccare le carni è sempre stato, con l'affumicatura dei paesi più a nord, uno dei sistemi migliori e più diffusi di conservazione. Chi avesse la fortuna di assaggiare salami casalinghi in diverse zone del Veneto, noterà che essi, pur somigliandosi, hanno ciascuno una loro personalità, perché ogni zona – potremmo addirittura dire ogni contadino – ha segnato nel tempo variazioni anche minime, ma sempre significative, derivate dalla peculiarità del proprio ambiente (es. l'aggiunta di erbe profumate e/o altro). Così, per esempio, nella veronese Valpolicella (la valle delle molte cantine o "poli-celle" vicino al lago di Garda) l'impasto casalingo della soppressa, prima dell'insaccatura, viene innaffiato con buon recioto amarone (vino tipico) e aromi, e lavorato a lungo con le mani; poi le soppresse vengono poste a stagionare al buio in luogo fresco e asciutto (una cantina ben areata), ciò che lì è possibile perché la valle non viene quasi mai toccata dalle nebbie invernali della pianura.

Both polenta and salami have always been considered foods of the poor, even though today it has become a habit of the refined to savor them as antipasti on many occasions. Until recently, in fact, in the kitchens of farmers in the Veneto, there was always a copper pot full of boiling water on the fire ready to make polenta, and in their cellars there was always salami and *soppressa*. And even in the difficult times of war, the farmers never went without food because they always had vegetables from their gardens, wheat and corn from their fields, meat from their pigs, milk from their cows, and so on. Corn was a gift from Spain — or better, from America — whence it was brought by the conquistadores to Europe and to the Venetian Republic. It was being cultivated throughout the Veneto as far back as the end of the 16th century. Every part of the plant is used: the chopped up leaves and stems as fodder for livestock; the cobs as fuel for the fire; the husks to stuff mattresses; and naturally the grain for flour or meal. People ate more polenta than bread, which was more expensive and usually had to be bought from bakers. And polenta could be eaten with everything: fish (with white polenta), cheese, meat broth, mushrooms, figs, and even radicchio or lettuce. Shortly after the corn harvest at the end of autumn, the farmers slaughtered the pig and made sausage (salami, *soppressa*, small sausages for cooking, fat sausages containing pigskin for boiling, etc.). The traditional system for making salami was — and still is, of course — to mix one part of fat with five parts of lean, ground up together finely or coarsely depending on preference, add a paste of crushed garlic (if desired), lots of salt and peppercorns, mix everything well and then stuff it into cleaned intestines, wrapped and closed at each end with twine. Then the salami are hung in well ventilated cellars and left to age. Salting meat and making sausages has always been, along with the practice of smoking common to the more northern climes, one of the best and most widespread systems for preserving meat. Those who have had the fortune to taste homemade salami from different parts of the Veneto will have noted that, although they are similar, each one has its own personality, because each zone — we might even say, each farmer — has honed the process, making small but important variations (e.g., the addition of herbs and other spices) that derive from the particular characteristics of the local environment. Hence, for example, in the Valpolicella near Lago di Garda in the province of Verona (the valley of many cellars: "poli-cella") the homemade *soppressa* stuffing is marinated in *recioto amarone* (a typical local wine) and spices, and kneaded thoroughly by hand before being stuffed into the casings. Then the *soppressa* are hung to age in a dark, cool and dry, well ventilated cellar, as are found in this valley virtually untouched by the winter fogs shrouding the plain below.

*I superlativi assoluti si sprecano per il Parmigiano Reggiano,*

*uno di quei prodotti che il mondo ci invidia.*

*Si tratta del campione di grana, una tipologia casearia*

*tipicamente nostrana e più precisamente padana, la cui*

*lavorazione testimonia di un'antica, altissima sapienza.*

*Il più celebre, il più noto, il più apprezzato.*

*Il più storicamente documentato e letterariamente celebrato.*

*Il più completo, il più valido dal punto di vista alimentare.*

*Il primo, il massimo, il re dei formaggi,*

*dopo la vittoria conquistata nel 1972 nel Winsconsin,*

*stato-latteria degli Usa, in un concorso*

*che lo vide battersi con gli assi francesi, svizzeri,*

*olandesi oltre che con i nostri formaggi più reputati,*

*e resta un record solitario.*

## Polenta e baccalà

*Per 6 persone*
*600g di farina a grana fine*
*1 kg di baccalà*
*150 g di parmigiano grattugiato*
*1 l di latte*
*2 cipolle*
*1 gambo di sedano*
*2 acciughe salate*
*300 g di farina bianca*
*olio, burro*
*prezzemolo, sale (se necessario: dipende dal baccalà)*
*Lavare il baccalà, spellarlo, asciugarlo molto bene*
*(altrimenti la farina vi si appiccica sopra) e tagliarlo a tocchetti*
*che vanno infarinati e poi passati nel parmigiano grattugiato.*
*A parte tritate finemente insieme le cipolle, il prezzemolo, il gambo di sedano.*
*In una teglia da forno, sciogliere senza farlo rosolare l'olio e quasi tutto*
*il burro. Deporvi parte dei tocchetti di baccalà, coprirli con parte del trito,*
*aggiungervi un po' di acciuga tagliuzzata, poi ancora baccalà, trito,*
*acciuga, fino ad esaurimento. Sull'ultimo strato mettere qualche tocchetto*
*di burro, e quindi coprire con il latte, tenendone un po' da parte*
*nel caso se ne debba aggiungere durante la cottura.*
*Coprire con carta paglia e con il coperchio.*

# Baccalà alla veneziana

*Per 6 persone*
*1 kg di baccalà (stoccafisso) bagnato e battuto*
*farina tipo 00*
*1 l di latte intero*
*500 g di cipolle*
*3 filetti d'acciuga*
*prezzemolo*
*1 hg di uvetta sultanina*
*1 hg di pinoli*
*cannella in polvere*
*50 g di grana grattugiato*
*burro, un quarto di litro d'olio d'oliva, sale e pepe*

Diliscare il baccalà precedentemente battuto e ammollato;
tagliarlo a pezzettini regolari di 5 o 6 centimetri e infarinarli.
Nel frattempo affettare sottilmente le cipolle e farle rosolare
in abbondante olio d'oliva. Al termine aggiungere i pezzi
di baccalà nella casseruola e lasciarli andare a fuoco vivo
in modo da formare la crosticina.
Salare e pepare, quindi aggiungere la cannella, l'uvetta,
i pinoli, coprire con il latte e cospargere con il grana.
Lasciar cuocere pianissimo per circa due ore, poi aggiungere
dei pezzetti di burro e infornare per circa mezz'ora a 200°
per la gratinatura. Va servito con polenta calda.
Nel poemetto in ottave che un tale Luigi Plet, professore
di canto della Cappella Musicale di San Marco, dedica
nel 1850 al baccalà, si esalta il baccalà ala capucina,
una ricetta appresa proprio dai frati cappucini, dato
che: "No se trova nessun che sapia dir| Megio de lori,
come lavorà| e coto in torta vada al bacalà".
È una torta di pasta sfoglia con baccalà accompagnato
da "droghe che spanda bon odor| Dei cedrini, de l'ua,
qualche pignol| Sardele, ma gabia de saor".
Infatti sembra risalgano proprio ai ricettari dei conventi
queste preparazioni del baccalà con acciughe, pinoli, uvetta,
alloro, cannella. Amedeo Sandri in Veneti e bacalà riporta
due ricette, una di baccalà alla cappuccina (simile a quella dei
Cappuccini di Fiera di Primiero riferita in A tola co i nostri
veci) e l'altra di baccalà alla certosina, dei frati della Certosa
di Nervosa del Montello nel trevigiano, in cui il composto
di acciughe-uvetta-pinoli è arricchito
da un frullato di gamberetti di fiume
e aromatizzato con un forte pizzico di zenzero.

# Seppie in tecia coi bisi

*Per 4 persone*
*1 kg di seppie*
*500 g di piselli freschi*
*un cuore di sedano, una cipolla, uno spicchio d'aglio*
*2 cucchiai di pomodori pelati*
*mezzo bicchiere di vino bianco*
*un mestolo di acqua calda*
*un ciuffetto di prezzemolo tritato*
*olio d'oliva*
*sale, pepe*

Pulire le seppie, togliere le ossa dal ventre, i sacchetti
di nero, gli occhi. Spellarle, lavarle in ripetute acque
e tagliarle a listarelle (ma se sono piccole, lasciarle intere).
Soffriggere nell'olio d'oliva con sale e pepe la cipolla
tritata, il sedano, l'aglio intero, che poi verrà tolto.
Aggiungere le seppie, insaporirle, poi bagnare con il vino
bianco. Quando questo sarà evaporato, versare i piselli,
i pelati e un po' d'acqua calda.
Portare a cottura a fuoco moderato e tegame coperto.
Quasi alla fine amalgamare il trito di prezzemolo.
Scoprire il tegame, così il sugo si addensa.
Servire le seppie con polenta gialla appena versata.
È un piatto molto diffuso anche in tutto l'estuario veneto
e in primavera, quando i piselli degli orti lagunari
sono freschi e dolci e le seppioline sono tenere, lo si prepara
senza il pomodoro. Esiste un piatto popolano polesano,
sépe e 'rvéia, che è la versione agreste di questa ricetta:
la 'rvéia è la robiglia, una sorta di pisello dai fiori
azzurrognoli, simile alla veccia, che in tutto il Medioevo
occupò nella cucina popolare il ruolo che i piselli tenevano
nella cucina aristocratica. La ricetta di seppie e robiglia
raccolta da una fonte orale in Il fuoco, il piatto, la parola
prevede un soffritto d'olio e cipolla, robiglia, poi seppie
tagliate a strisce, con l'aggiunta di prezzemolo, conserva,
vino bianco, cannella in canna, chiodi di garofano, pepe.

# Bigoli in salsa

*Per 4 persone*
*4 hg di bigoli mori (di farina integrale)*
*2 cipolle*
*2 etti di sardine sotto sale*
*un bicchiere di olio d'oliva*
*sale, pepe*

Affettare finemente la cipolla (non tritarla) e farla
appassire nell'olio senza farle prendere colore
(eventualmente versare un po' d'acqua o brodo).
Aggiungere le sardine pulite, spinate e ben tritate e lasciare
tutto sul fuoco basso per almeno 15-20 minuti,
finché la cipolla si confonderà con le sardine spappolate.
Correggere infine con il sale e pepe a seconda del gusto.
Condire con la salsa ben calda i bigoli (non troppo scolati),
avendo cura di usare un recipiente capiente
e di mescolare a lungo.
Squamare le sarde, privarle della testa e delle interiora,
lavarle e lasciarle riposare mezz'ora in colapasta cosicché
il sangue venga eliminato. Infarinarle e passarle,
scotendole in un tamiso (setaccio) per eliminare la maggior
parte della farina. Friggerle in olio bollente per un paio
di minuti o poco più, asciugandole poi con carta da
cucina;salarle. Intanto, a parte, in un tegame a largo con
bordi bassi, far appassire in due dita d'acqua le cipolle
bianche affettate molto sottilmente. Quando le cipolle sono
quasi cotte, aggiungere l'aceto, un po' dell'olio di cottura
delle sarde, le uvette e mescolando, far insaporire per mezzo
minuto, o poco più evitando che le cipolle diventino scure.
Disporre le sarde in una terrina a strati alternati alla
composta di cipolle, aggiungendo i pinoli. Questo piatto
va consumato dopo un giorno, e se tenuto al fresco
e all'asciutto si conserva una settimana e più.

# Marco Polo
## *Venetian style*

Attraverso le Crociate prima, poi grazie al fiorente traffico commerciale con i paesi dell'area mediterranea orientale, la Serenissima Repubblica di Venezia divenne l'emporio europeo di tutte le spezie e dello zucchero. Il lusso d'Europa si alimentava a Venezia; ogni nazione d'Europa, accorreva a Venezia via terra o via mare per vendere a basso prezzo e comperare a prezzi altissimi. L'Occidente latino, dopo secoli di oscurantismo, volgeva in quell'epoca lo sguardo a Oriente e faceva propri alcuni costumi mediorientali, quali ad esempio l'uso di redigere testi di gastronomia, già fiorente in epoca greca e romana, ma successivamente caduto nell'oblio.

Initially as a result of the Crusades, and later thanks to the flourishing commerce with the eastern Mediterranean, the Republic of Venice became the European emporium for all the spices and sugar. The luxury of Europe was nourished through Venice. Every European nation came to Venice by land or by sea to sell at low prices and buy at dizzying ones. The Latin Occident, after centuries of obscurantism, turned its gaze to the Orient and adopted a number of middle eastern customs, such as gastronomic writings, a practice that had flourishing in Greek and Roman times but later fallen into disuse.

79

*Haute Couture*

# À la Plage...

SALADE DE PAMPELONNE
AUX TOMATES,
FROMAGE DE
CHÈVRE ET
MENTHE FRAÎCHE.

SARDINES
GRILLÉES

TARTE
AUX FRAISES

MOULES
MARINIÈRES

LOUP
GRILLÉ

Le 55

Insalata di Mare
Marinata al Cedro

Ravioli di Cervia

Trofie e Fagiolini al pesto di Arami

Aragosta alla
Catalana

Note

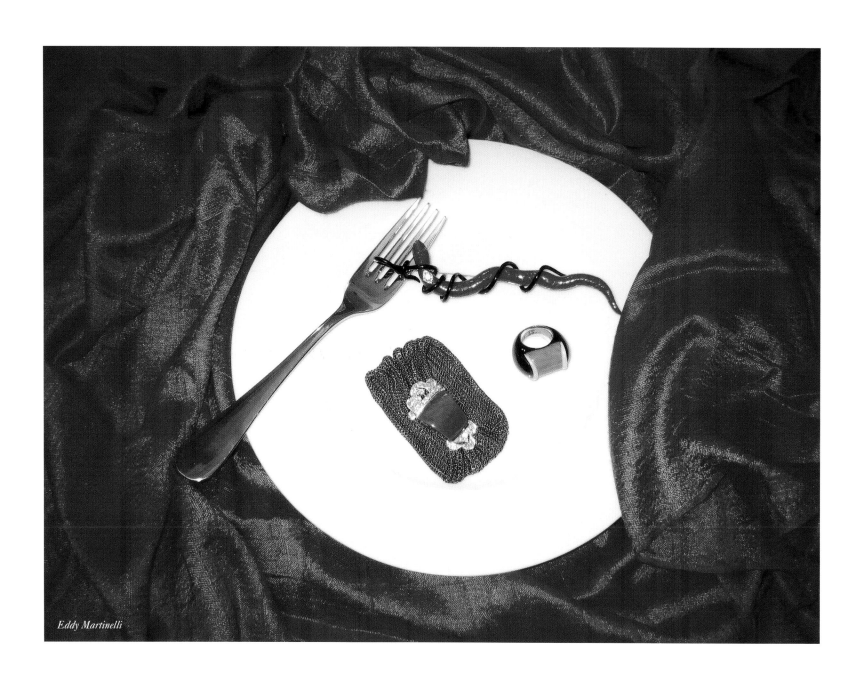

Eddy Martinelli

# Tonno ubriaco d'amore

Scegliere un filetto di tonno fresco,
che sia rosato e sodo.
Frischiare in una ciotola di cristallo
due cucchiaini di impertinente coriandolo
essiccato,
rossi e piccanti,
la punta
Qualche seme
cardamomo,
delle Camargue
di pepe crebeo
Mescolare
mani nude
fino a
e l'interno

Sex and the Dishes

tre peperoncini
sbriciolati con
delle dita,
di malandrino
20 g. di sale marino
e un cucchiaino
frantumato.
le spezie a
e con umltà
ricoprirsi i palm
delle dita.

Afferrare con entrambe le mani il filetto di tonno
e massaggiarlo a lungo ... in ogni direzione ...
raccogliendolo di tanto in tanto altre spezie
dalla ciotola ... fino a esaurirle.
Quando il tonno sarà completamente rivestito
di colori e ubriaco di sapori, avvolgerlo nelle
carta d'argento, profumato con sottili fettoline
di cipollotto. Sigillare con fermezza e posare il
pacchetto su di una padella calda. Tenere a
fuoco vivo per cinque minuti continuando e
fare rotolare il prezioso cilindro.
Spegnere il fuoco, spogliare il tonno del suo
manto d'argento, adagiarlo su di un letto di
misticanza dopo averlo tagliato a fettine alte
un dito. Stordirlo con una innaffiata di
aceto balsamico, succo di limone e olio extravergine.

## Assaporare con cura e ricordare
## l'emozione.

Armando Remandini de Poli
aprile 2004

rosso cora

## Soufflé di granchio

*Per 4 persone*

*g 200 di peperone rosso*

*g 30 di polpa di granchio in scatola*

*4 uova, g 20 di vermouth*

*pepe di Caienna, sale*

*1/4 di l di besciamella*

*(fatto con 1/4 latte, g 50 di burro,*

*g 25 di farina, 1/2 cucchiaino di sale,*

*pepe, noce moscata).*

Lavate il peperone, tagliatelo in due, eliminate il torsolo
e i semi e tagliatelo a dadini. Fatelo cuocere per 5 minuti
circa in padella con 15 g di burro a fuoco moderato,
quindi passatelo al mixer. Spezzettate la polpa di granchio.
Preriscaldate il forno a 180°. Rompete le uova, aggiungete
i torli alla salsa besciamella calda e conservate gli albumi.
Unite alla salsa di peperone frullata, la polpa di granchio,
il vermouth, una presina di pepe di Caienna e mescolate bene
con un cucchiaio di legno. Montate a neve gli albumi,
con una presina di sale. Versateli sul composto intiepidito
e mescolate delicatamente affinché non smontino.
Versate il composto in uno stampo da soufflé imburrato,
ponetelo a cuocere in forno per 20 minuti, senza aprirlo.
Quando la superficie avrà assunto un bel colore dorato scuro,
sformate il soufflé e servite immediatamente.

## Zuppa di basilico con l'astice

*Per 4 persone*

*1 astice di circa 1 kg, 5 patate, 1 arancia e 1 limone,*

*2 mazzi di basilico e 1 di menta, 200 g di mandorle pelate,*

*50 g di capperi sottosale, 1 pomodoro maturo,*

*olio extravergine d'oliva, 300 cc di brodo vegetale,*

*200 cc di Malvasia delle Lipari, sale, pepe.*

Portate a ebollizione nella pesciera 200 cc del brodo vegetale,
tuffatevi l'astice e unite le patate pelate, la Malvasia,
qualche foglia di basico, sale e pepe. Fate sobbollire per un'ora,
quindi estraete l'astice e scolate le patate. Mettete nel mixer
l'arancia e il limone pelati a vivo, il basilico, la menta,
il pomodoro a dadini, le mandorle, i capperi dissalati e
frullate diluendo con un cucchiaino di olio e 1/2 bicchiere di
acqua. Trasferite il pesto in una casseruola, unite le patate
tagliate a dadini, la polpa dell'astice, il resto del brodo e
lasciate sul fuoco ancora 10 minuti. Servite la zuppa tiepida
accompagnando con fette di pane tostato.

## Zuppa di pesce misto con cuscus

*Per 4 persone*

*1 kg di pesce misto da zuppa, 100 g di pomodorini secchi*

*sott'olio, 1 mazzo di basilico e 1 di menta, 100 g di mandorle*

*pelate a granello, il succo di 3 arance e di 1 limone,*

*2 patate medie, 200 g di semola da cuscus precotta,*

*1 bustina di zafferano a fili, sale*

Portate a ebollizione un litro circa di acqua quindi salate e
unitevi il pesce, i pomodori secchi tritati, il basilico,
la menta, le mandorle, il succo di agrumi,
le patate a cubetti e lo zafferano.
Fate cuocere per circa 1 ora, quindi filtrate con un setaccio,
spinate il pesce e ricavatene più polpa possibile.
Mettete la semola in un largo recipiente e versatevi il brodo
fino a ricoprirla. Incoperchiate per pochi minuti finché
la semola sarà gonfia, quindi sgranatela delicatamente
con una forchetta. Distribuite il brodo nei piatti fondi,
unite il cuscus e completate con la polpa di pesce.

## Raviolini di cernia

*Per 4 persone*

*400 g di pasta tirata a sfoglia sottile*

*Per il ripieno: 350 g di cernia, 1 cucchiaio di capperi sotto sale,*

*prezzemolo, peperoncino rosso, 1 uovo, 1 cucchiaio di*

*parmigiano grattugiato, 1 mestolo di brodo di pesce;*

*Per la salsa: 300 g di cernia, 1/2 cucchiaio di capperi,*

*4 pomodori, 1 cucchiaio d'olio, prezzemolo, 1 cipolla,*

*peperoncino, 1/2 bicchiere di vino bianco.*

Bollite la cernia con un mazzetto di odori, sbollentate i capperi
per togliere il sale, tritate cernia e capperi insieme, incorporatevi
il parmigiano, poco sale e peperoncino, l'uovo intero e formate
il ripieno. Preparate quindi con la sfoglia dei normali ravioli.
Per la salsa: rosolate la cipolla tritata, unitevi la carne di
cernia a pezzetti, i pomodori sminuzzati, i capperi, il
peperoncino, il prezzemolo e il vino. Lasciate ridurre, poi
allungate con un poco di acqua di bollitura del pesce e fate
restringere di nuovo. Bollite i ravioli e conditeli; servite subito.

"Aragosta alla Catalana"

bollire una bella aragosta
di Sardegna e spaccarla
facendone Tocchetti senza
levare il carapace.-
Unire una patata bollita
affettata, pezzi di pomodoro
di Camone, rondelle di cipolla bianca sbollentata, sale,
pepe ed olio extra vergine
di oliva. Servire dopo due
ore.

Claudio Zanetti

# Riches from The Sea

I like to prepare and cook fish using simple techniques that bring out the full intrinsic flavour of the prime ingredient. Baking flavours and highlight the natural perfection of the fish. I like to serve this with a contrasting drizzle of olive oil and lemon wedges.

Fish in a salt crust is an excellent way to seal in the

The freshest of fish can be served raw, lightly smoked or cured. Freshly caught sea bream, for example is delicious "cooked" in salt: mix 500gs coarse salt with 50 caster sugar and 1/2 teaspoon crushed peppercorns. Filet the fish sprinkle with the salt mixture, wrap in cling film and refrigerate for about 2 hours. Rinse under a trickle of water, pat dry, then slice thinly like smoked salmon. Arrange the slices on a plate for everyone to help themselves and add lemon juice and olive oil to taste. Toasted country bread make the perfect accompaniment to this wonderfully natural "fisherman's dish"

La mia idea di **Zuppa di Pesce** è una
sinfonia concertante dove ogni cozza, ogni
scorfano, ogni palombo, entra al momento giusto.
Orchestrare l'entrata di pesci,
crostacei e frutti di mare con lungimirante
tempismo, provvedere ad aprire cozze e vongole in
padella e conservare l'acqua; pulire e sfilettare
i pesci; fare un brodo poco salato con
teste e lische
fatte spurgare sotto l'acqua
corrente e aromatizzato con alloro; scaldare l'olio
nel tegame con gambi di prezzemolo, l'aglio, lo
scalogno ed il peperoncino; alzare il fuoco, sfumare
con vino, unire l'acqua filtrata di cozze
e vongole; subito dopo è la volta di seppie e
rana pescatrice, entrambe a pezzi. Passare al setaccio fine
i gelati, unirli alla zuppa, cuocerli per sette-otto minuti,
unire il brodo filtrato e cuocere altri venti minuti avendo
unito prima scorfano, palombo e sanpietro
indi cozze, vongole e poco sale... ultimi scampi
e triglie. Servire la Zuppa cosparsa di prezzemolo e
crostoni di pane.

# Frutti di mare
## altre creature acquatiche

## Capesante in forno

Capesante, burro, olio, prezzemolo,
aglio, sale, pepe di mulinello.
Lavare le capesante e scaldarle brevemente in
una padella asciutta per aprirle. Staccare le capesante
dalla valva e sistemarle in coppe adatte, resistenti al fuoco.
Coprirle con una salsa di burro fuso, olio,
prezzemolo tritato, poco aglio, sale e pepe.
Cuocere in forno già caldo.

## Cozze gratinate

Cozze, aglio, olio, pane bianco grattugiato,
parmigiano, prezzemolo, sale, pepe, vino bianco.
Saltare le cozze con olio e aglio tritato in una padella
di ferro finché non si aprono le valve.
Togliere una delle valve e lasciare la polpa nell'altra.
Grattugiare del pane bianco e del parmigiano
e mischiarli con prezzemolo e aglio tritati, sale
e pepe, inumidendo la miscela col vino bianco.
Distribuirla sulle cozze, porle in una pirofila, irrorarle
con un po' di olio d'oliva e gratinarle nel forno caldo.

## Moleche fritte

Moleche, rosso d'uovo, parmigiano, farina, olio.
Le moleche sono granchi in stato di muta.
Questi crostacei cambiano due volte l'anno la loro corazza,
in primavera e in autunno. Solo in quel periodo
le moleche sono morbide e tenere. Porre le moleche lavate
in una terrina. Sbattere bene tre-quattro rossi d'uovo,
salarli e mescolarli con parmigiano grattugiato.
Versare questa miscela sulle moleche, chiudere
ermeticamente la terrina con un piatto
(metterci eventualmente sopra un peso)
e lasciare riposare alcune ore in luogo fresco.
Infarinare poi le moleche ad una ad una
e friggerle in molto olio.
Asciugarle su carta assorbente, salarle
e servirle molto calde.

## Crostone di scampi

Scampi di media grandezza, burro, sale, pepe di Caienna,
passato di pomodoro, panna, cognac, polenta.
Sgusciare gli scampi freschi e rosolarli nel burro.
Poco prima che la cottura sia ultimata aggiungere sale, pepe
di Caienna, una punta di passato di pomodoro, poca panna
e una spruzzata di cognac. Lasciare addensare e servire
con fettine di polenta abbrustolita. Al posto della polenta
si possono servire anche fette di pane bianco fresco tostato.

## Canocchie

Le canocchie sono al massimo della loro bontà nel mese
di novembre. Un modo per prepararle è di sgusciarle
dopo averle bollite e di condirle con olio, limone,
prezzemolo, sale e pepe. Ma si possono anche cuocere al
forno spalmate d'olio e condire poi come le canocchie bollite.
Un proverbio veneto dice "De Santa Caterina na canocia
val na galina"… E col vecchio calendario Santa Caterina
si festeggia appunto di novembre…

## Paella ai frutti di mare

In una padella capiente scaldare 5 cucchiai di olio extravergine
d'oliva, far saltare 6 scamponi, 10 piccoli scampi
e 8 gamberoni per 3 minuti, sgusciare solo gli scampi piccoli,
tenere da parte la polpa e far bollire tutto in 1,5 litri
di acqua per 40 minuti. Filtrare e mettere da parte.
Fare soffriggere una cipolla e 1 pomodoro precedentemente
tritati, unire 1 spicchio d'aglio affettato e 150 g di anelli
di calamaro e far cuocere per 5 minuti. Unire 200 g di cozze e
200 g di vongole veraci, farle aprire e scartare i gusci vuoti e
tenere quelli pieni da parte. Unire 400 g di riso già cotto,
il brodo filtrato e 2 bustine di zafferano, poi salare e lasciare
cuocere per 10 minuti. Unire i crostacei interi, gli scampi
sbucciati, le conchiglie tenute da parte e cuocere per altri 10
minuti fino al completo assorbimento del liquido di cottura.
A preparazione terminata aggiungere olio extravergine
d'oliva, sale e pepe a piacere.

## Scampi al curry

Fare la salsa con 25 g di burro
25 g di farina
100 g di cipolla affettata
un cucchiaino da tavola di curry
un po' di prezzemolo tritato (questa una dose).
Per un kg. di scampi si fa doppia.
Mettere in una casseruola la cipolla affettata
sottile con il burro, farla imbiondire, aggiungere
il prezzemolo, poi la farina e il curry, mescolare velocemente
e aggiungere brodo di dado o di carne che sia un po' denso,
quando incomincia a bollire abbassare la fiamma
e continuare la cottura per quaranta minuti, passare
la salsa al setaccio in una casseruola e sul fuoco far fondere
il bollore e aggiungere un po' di panna liquida.
Rosolare le code di scampi sgusciati e crudi con burro
abbondante in una padella larga, sale e pepe
e dopo uno o due minuti levarli dalla padella
e versare sul fondo di cottura 1/4 di bicchiere
di cognac. Poi rimettere dentro gli scampi velocemente dare
una girata e versarli nella salsa e servirli con riso pilaf.
MARIA ANTONIETTA MARCHESI

95

# Golden Caviar

White caviar is something for elitists.
Golden caviar was, for Emperors
of Manchuria, the tears of Russia.
In Iran it was kept exclusively for Sheiks,
and anyone cought selling or eating it had
their right hand chopped off. It is generally
thought to be either the eggs of an albino
sturgeon or those of an Osciètre sturgeon over
60 years of age (whose eggs can be known
to change to a light golden color).
The flavour of albino eggs is incredibly
light and delicate, while the flavour of pale
Osciètre eggs from a mature fish is
marvellously creamy and subtle!
It has to be the ultimate caviar for
the lover's seduction scene.

Le mot "*caviar*" vient du turc kabiari
(comme on l'appelait à Constantinople au XIV<sup>ème</sup> siècle),
terme provenant lui-même du grec ancien "avyarion",
d'"avyon", qui signifie "œuf".
Ces œufs, qui proviennent exclusivement d'un poisson,
l'esturgeon, sont mentionnés dans des textes dès le II<sup>ème</sup> siècle
avant Jésus Christ, et on y parle déjà de leur goût extraordinaire.
La mer Caspienne, la plus grande mer fermée du monde,
est l'endroit qui produit les esturgeons de meilleure qualité.
La pêche a lieu en hiver et au printemps, et le caviar prélevé
sur les esturgeonnes pêchées en hiver le long des rives iraniennes
est le plus délicat. Jamais prises par les glaces, ces rives
(contrairement à celles du côté russe) sont également celles
où ont été réalisé les plus gros progrès techniques ces dix dernières
années en ce qui concerne le traitement des œufs d'esturgeon.

## Bliny alla russa

Mescolare 140 g di farina di grano saraceno
insieme a farina bianca con sale e lievito.
Aggiungere un tuorlo d'uovo e 170 ml di acqua calda.
Mescolare e lasciare riposare il composto
(coperto da un tovagliolo) per 2 ore circa.
A parte montare 170 ml di panna e l'albume di 1 uovo.
Mescolare tutto insieme e lasciare riposare per circa 1 ora.
Con l'impasto formare dischetti di 2,5 cm
di diametro da cuocere in una piastra per crêpes.
Servire freddi con panna acida salmone o caviale.

# Sex on the half shell

Le ostriche sono senz'altro i molluschi marini più pregiati. Esistono molteplici specie, ma le più importanti dal punto di vista alimentare sono tre: l'Ostrea edulis, la Crassostrea angulata e la Crassostrea gigas. Hanno tuttavia una certa importanza anche alcune varietà di ostriche della costa nord-occidentale degli Stati Uniti e dell'Australia. L'Ostrea edulis, detta ostrica piatta o anche ostrica europea, è senz'altro la migliore dal punto di vista organolettico ma si riproduce dieci volte in meno rispetto alle altre; può arrivare fino a 15 centimetri di diametro anche se gli esemplari che si trovano comunemente sul mercato sono compresi tra i 6 e 10 centimetri. La Crassotrea angulata, detta anche ostrica lunga o ostrica portoghese, ha una valva quasi piatta e l'altra convessa; pur essendo meno fine è molto diffusa. La Crassotrea gigas, detta ostrica concava o giapponese, ha una forma più allungata della precedente e si riproduce molto velocemente; di qualità leggermente inferiore rispetto alle ostriche piatte, è fra quelle più allevate per l'elevata redditività. Le ostriche, infatti, generalmente vengono allevate in speciali bacini marini in cui vengono sistemati appositi "sostegni" ai quali i milioni di larve schiuse dalle uova delle ostriche vanno ad attaccarsi. Nel corso della loro vita, le ostriche vengono più volte spostate di bacino in bacino per completare diverse fasi di allevamento, che, in tutto, dura circa 4 anni. Il loro sapore dipende soprattutto dal luogo in cui sono cresciute. È per questo motivo che spesso le ostriche si differenziano dal luogo in cui sono cresciute; avremo quindi le ostriche "belon d'Arcachon" e "marennes" in Francia e le "Whitstable" in Inghilterra (tutte Ostrea edulis). Quando si parla di ostriche "creuses" si intendono quelle appartenenti alla varietà Crassotrea. I francesi hanno inoltre stabilito una classificazione di qualità in base al tipo di allevamento per cui vengono suddivise in: "spéciales" e "fines de claires" (sono chiamati "claires" i bacini di allevamento e in particolare quelli di affinamento) dove le prime sono le più pregiate. Per quanto riguarda le dimensioni, possono essere classificate fra 00 per le più grandi e 4 per le più piccole, oppure in:

- petites          30-49 g di peso;
- moyennes      50-79 g di peso;
- grosses        80-109 g di peso;
- très grosses    oltre

Le ostriche, fuori dall'acqua, durano 10-12 giorni, per cui è importante verificare la data di confezionamento. Oggi, vengono consumate tutto l'anno, ma il periodo migliore è la stagione fredda. I mesi meno indicati per consumare le ostriche sono luglio e agosto poiché essendo il periodo della riproduzione risultano "lattose". È ovvio, ma è il caso di ribadire che al momento del consumo la conchiglia deve essere perfettamente chiusa.

Ce mollusque à coquille bivalve n'a aucun équivalent terrestre: il filtre continuellement l'eau de mer pour y trouver phytoplancton, algues et particules, son goût iodé et sa couleur. Toute la richesse du milieu marin vient à l'huître sans qu'elle ait seulement à se déplacer! Trois variétés sont particulièrement exquises: la belon de Bretagne, la pousse en claires de Marennes-Oléron et la Cole Chester d'Australie.

## Le ostriche

### Ostriche gratinate

*Per persona*
*6 ostriche, 1 scalogno, 1 tuorlo d'uovo,*
*1 cappella di un piccolo porcino,*
*50 g di acetosella, 1 ramo di timo,*
*un bicchiere di muscadet, sale pepe q.b.*
*Aprire le ostriche, estrarre il frutto,*
*recuperarne e filtrarne l'acqua e*
*conservare la conchiglia.*
*In una casseruola mettere l'acqua*
*delle ostriche, lo scalogno tagliato fine,*
*il muscadet, il timo e un pizzico*
*di pepe bianco.*
*Far cuocere il tutto a fuoco medio,*
*senza coprire, per 15 minuti.*
*Passare il fondo di cottura, versarlo*
*in una casseruola.*
*Pulire i porcini, tagliarli fini,*
*salare e passare in padella a fuoco*
*medio una noce di burro*
*per 7/8 minuti.*
*Mettere a bollire il succo d'ostriche,*
*aggiungere per 2 minuti un pugno*
*di foglie di acetosella e frullare.*
*In un forno riscaldato a 220°*
*appoggiare le conchiglie, farli cuocere*
*per un minuto. Sbattere un tuorlo*
*d'uovo in un recipiente con il liquido*
*mantenuto ben caldo; versare*
*sulle ostriche e lasciare gratinare*
*altri 5 minuti al forno.*

# Pane nostrum

## Pane

Lo considero un vero
Peccato di Gola!
Me ne privo per un'intera
settimana, e poi.
Più casereccio è e più mi piace:
quell'affondare le dita
nella morbida pasta
odorosa
di forno a legna.
E quella croccante crosta
di pane inzuppata di olio "vero"
magari nuovo.
Un po' di sale e continuiamo?!?
Frulliamo un po' di acciughe
con molto prezzemolo, un po'
di peperoncino e solo olio "vero",
aglio se si vuole; tostiamo il pane
fatto a fette e spalmiamo questa
pastura verde marrone
abbondantemente.
Anche in un vassoio d'argento
con un ottimo champagne!

## La celebre baguette

*La pain Poilâne in Parisian cafes and bistrot
is always worth the journey to go to the boulangerie
on Rue du Cherche Midi. The shop was established in
1932 by Pierre Poilâne, a guest-generation baker,
and now and for many years
his son Lionel continues to make my favourite bread
in Paris! The great room, lined with wooden
bread racks and gilled with the alluring
scent of glam and yeart, in a study in browns,
each shade a hue found in a loaf of bread.
The shop is so beautiful that you might not notice the
small backroom. There is something mayead about
the space, the heat from the oven, the orama from the
dough, the coolness from the stone walls and
the cloistering embace! Of the low Pane Toscano
a Siena! (ottimo come aperitivo o per accompagnare
il pasto) Affettare, possibilmente con l'affettatrice,
una pagnotta di pane toscano raffermo;
disporlo con delicatezza un po' alla volta
sulla leccarda del forno, per cinque minuti
a 150°, facendo attenzione (piazzatevi davanti
al forno) a non bruciarlo. Mettetelo in una ciotola
dove via via sarà condito a strati con
olio extravergine d'oliva e sale.*

## Panini prêt-à-porter

*Questa volta all'ex ragazzo terribile della moda
dall'eterna maglietta alla marinara non sono serviti
né ago né filo. Solo acqua, lievito, farina
e un pizzico di sale. In occasione della mostra
Pain Couture, allestita alla Fondation Cartier
di Parigi nell'autunno 2004, Jean Paul Gaultier
ha deciso infatti di mettere le mani in pasta.
E anziché una retrospettiva dei suoi abiti ha fatto
sfilare balze di michette, scarpini in pasta dura,
strascichi di mollica, riches-bicouit e gonne canestro
alla Madame Pompadour ripiene di baguette.
Più i celebri bustini stringati, anche questi n versione
commestibile. L'idea, nata da un sogno irrealizzato
(pare che a un certo punto Gaultier volesse diventare
fornaio), è divenuta realtà grazie al contributo
dei maestri panettieri di Francia, che per tutta
la durata della profumatissima esposizione
inforneranno nel seminterrato pagnottelle
haute couture e croissant a strisce blu navy.*

Jean Paul Gaultier

# La ricetta

## Italian flag

*1 teglia da forno ovale*
*lunga circa cm 40, alta circa cm 10*
*pomodori perini*
*olive verdi snocciolate*
*olive nere snocciolate*
*capperi sotto sale, grossi*
*olio di oliva*
*sale*
*pepe in grani da macinare grosso*
*penne rigate o maccheroni rigati*
*basilico*
*2/3 spicchi d'aglio*

*Dopo averli lavati, tagliare a metà,*
*longitudinalmente, i pomodori e disporli in*
*bell'ordine sul fondo della teglia facendo attenzione*
*a lasciare la parte interna del pomodoro rivolta*
*verso l'alto, fitti fitti, lasciando tra l'uno e l'altro*
*il minor spazio possibile. Irrorare di olio, spolverare*
*di sale e di pepe; in quantità modesta, l'operazione*
*sarà ripetuta 3 volte nel corso della ricetta.*
*Una manciata di olive verdi e nere tagliate a pezzi,*
*una piccola manciata di capperi e gli spicchi d'aglio.*
*Sovrapporre al tutto un doppio strato di pasta, a*
*crudo, irrorare di olio, sale e pepe. Prendere i*
*pomodori rimasti e con la parte interna rivolta verso*
*il basso disporli fino a coprire del tutto lo strato di*
*pasta. Premere leggermente per permettere ai*
*pomodori di rilasciare un po' di sugo. Una manciata*
*d'olive verdi e nere, capperi e irrorare di olio per*

*l'ultima volta, sale e pepe e qualche foglia di basilico.*
*Se avrete avuto l'accortezza di usare una teglia*
*trasparente, l'effetto sarà quello del tricolore italiano.*
*Lasciare riposare il tutto per il tempo che si vuole,*
*l'umido dei pomodori unito all'olio ammorbidirà*
*la pasta cruda. Accendere il forno, portarlo a circa*
*150°, lasciarlo scaldare, infilarvi la teglia che vi*
*verrà lasciata per circa 30 minuti, passati i quali*
*verrà controllata. Prendere un forchetta e premere*
*leggermente su tutta la superficie affinché i pomodori*
*rilascino ancora un poco di liquido. Dopo aver*
*verificato che la pasta comincia a essere un poco più*
*morbida, rimettere la teglia nel forno e lasciarvela*
*per un'altra mezz'ora. Servire calda, ma credetemi,*
*mangiata fredda la sera stessa o il giorno*
*dopo è davvero straordinaria.*
*È comunque importante sapere che questa ricetta*
*si può fare nel migliore di modi solo*
*nei mesi molto caldi, quando i pomodori perini*
*sono al loro meglio di maturazione,*
*usare altri pomodori sarebbe un inutile spreco*
*di energie perché il risultato sarebbe disastroso.*

# FOR THE HOME

*Elsa Peretti*

# Il completo da gourmet

Una pentola e un paio di tegamini non bastano, naturalmente. Ma, scendendo nei particolari, quali e quanti utensili concorrono a formare la perfetta batteria da amatore? Una risposta si può trovare nello schema che segue. Nella prima colonna viene riportato il nome dell'utensile. Al centro, le misure consigliate (diametro in centimetri) con, accanto, il numero di utensili per ogni misura. Infine, il materiale, legato come si è visto alla funzione. Le indicazioni si riferiscono a una batteria per 10. Per un numero di commensali inferiore si tolga la misura più grande per ogni utensile.

## Perché la batteria è mista

Intanto il significato: per batteria da cucina si intende l'insieme dei recipienti di cottura dei cibi e degli attrezzi utilizzati per la loro preparazione. Al di là delle definizioni, è comunque curioso notare come la forma di molti di questi oggetti sia rimasta pressoché immutata nei secoli. Dalla patella degli antichi romani, simile all'attuale padella di ferro (ora come allora utilizzata per friggere), alla marmitta con orecchie del XVI secolo identica alla pentola oggi denominata pot au feu, fino al crible de crine inventato dai Galli per setacciare la farina, che differisce dal nostro setaccio solamente per l'uso della maglia di crine al posto dei fili metallici. Ben diversa, invece, l'evoluzione dei materiali: i primi recipienti di cottura erano di pelli conciate e cucite assieme, poi venne la terracotta (usata tuttora) e quindi fu la volta dei metalli, ciascuno dei quali segnò un vero e proprio ciclo storico, anche se lo stesso metallo veniva di fatto impiegato per tutti i componenti della batteria. In realtà, i singoli metodi di cottura richiedono metalli specifici, che possono offrire determinate caratteristiche. Ecco perché la batteria da cucina deve essere mista, cioè realizzata con materiali diversi secondo il tipo di cottura cui l'utensile è destinato. Tra le variabili principali, le conducibilità termica, ossia la capacità di trasmettere il calore assorbito. Quanto più questa è alta, tanto maggiore è il rendimento termico e più uniforme è la distribuzione della temperatura. Quando un utensile ha bassa conducibilità termica (è il caso, per esempio, dell'acciaio inossidabile), le pareti a diretto contatto con la fiamma si surriscaldano e il contenuto può bruciarsi.

# Gli utensili da cottura

| UTENSILE | DESCRIZIONE | UTILIZZO |
|---|---|---|
| pentole o marmitte traiteur | forma cilindrica, con l'altezza uguale al diametro, due maniglie | bollitura (bolliti misti, verdure, pasta, riso, minestre, patate, volatili), sobbollitura, affogatura, cottura al vapore, sbiancatura |
| casseruola fonda o bassine à ragoût (a due maniglie) o casseruola russa (aa un manico) | forma cilindrica, con l'altezza superiore alla metà del diametro, due maniglie o un manico | preparazioni che richiedono cottura in corpo grasso o in un liquido, come la brasatura o la stufatura, o le cotture affogate |
| casseruola semifonda o fait-tout (a due maniglie) o casserole à glacer (a un manico) | forma cilindrica, con l'altezza superiore alla metà del diametro, due maniglie o un manico | come la casseruola fonda, ma per quantità di liquidi minori |
| casseruola bassa o rondeau | forma cilindrica, con l'altezza inferiore a metà del diametro, due maniglie | cotture che richiedono ampia evaporazione (es. risotto) o quantità ridotte di liquido per rosolature |
| tegame a sponda diritta o sautoir o plat à sauter | forma cilindrica, non molto alto, un manico | cotture regolari, per far sudare o rosolare verdure o carni, cotture al salto di alimenti di dimensioni ridotte, cotture affogate (pochés) |
| tegame svasato o plat rond à poignées | forma troncoconica, con bordo svasato, poco alto, due maniglie | simile al sauté, ma le due maniglie al posto del manico lungo consentono di utilizzarlo come forno |
| pesciera o poissonnière | lunga, con bordi verticali alti, due maniglie, una griglia che facilita l'estrazione del pesce | cottura dei grossi pesci. (Può essere utilizzata anche per la cottura di zampone e cotechini) |
| costiera o plat à rôtir | forma rettangolare, con bordi verticali non molto alti, due maniglie pieghevoli | ogni tipo di cottura al forno |
| padella o poêle | forma rotonda, con bordo leggermente curvo o bombato poco alto, un manico | friggere e saltare gli alimenti (filetti, braciole, cotolette alla milanese, legumi, verdure, pesci da porzione e così via) |
| cocotte ovale | forma ovale con bordi alti diritti, due maniglie, un coperchio pesante bombato | cottura di brasati, stufati, arrosti |
| colapasta o passoire | forma semisferica munito di tre piedi, o forma troncoconica munito di un cerchio di sostegno alla base | colare la pasta, riso e altri alimenti sbolliti |

Rostiera o plat à rôtir

Tegame a sponda svasata o sauteuse

Casseruola fonda a due maniglie
e a un manico (russa)

Colapasta o passoire

Cocotte ovale

Tegame a sponda diritta o sautoir o plat à sauter

Casseruola semifonda a due maniglie
e a un manico (casserole à glacer)

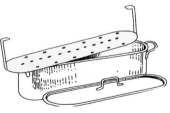

Pesciera o poissonnière

DABBENE
is
the Best

Coperchio

Tegame svasato a due maniglie o plat rond à poignées

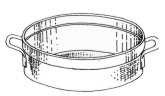

Casseruola bassa o rondeau

# La regina e Napoli

Inventata nel XVII secolo, in seguito all'importazione del pomodoro dal Perù, la pizza è oggi il piatto più diffuso nel mondo: quella vera, però, si fa solo sotto il Vesuvio.

Forse, senza la pizza, Napoli non sarebbe Napoli. Forse, perché la città partenopea ha altre mille risorse. Certo è che senza Napoli la pizza non esisterebbe. È troppo connaturata al suo spirito, in un certo senso è la metafora gastronomica della sua capacità unica e irripetibile di trasmutare i sassi in gioielli. Altri hanno rivendicati i natali di questo cibo per poveri che piace ai ricchi, molte sono state le paternità supposte e adombrate, ma il Dna e la storia non mentono: nel menù degli antichi Egizi e dei Cinesi c'era sì un disco di farina e acqua, ma dov'era il lievito? E soprattutto dov'era il pomodoro? Fino al XVI secolo era in Perù: è la dimostrazione lampante che la pizza non può provenire dal Medio e dall'Estremo Oriente. Qualche cromosoma "pizzoso" si ritrova sulle mense dei Romani, stando almeno agli ultimi ritrovamenti pompeiani, ma si tratta di cromosomi, pardon, di prove circostanziali che nessuna giuria accetterebbe. Con la loro pizza a pasta alta con pomodoro e basilico, Bari e la Puglia potrebbero accampare qualche diritto di progenitura, ma tant'è, in fondo erano terre del Regno dei Borbone del quale Napoli dopotutto era la capitale. *Ubi major…* No, la pizza è napoletana, e così sia. La sua versione originale risalente, per quanto si sa, al '600, ossia la Marinara fatta con pomodoro, aglio, origano (o basilico) e una girata d'olio crudo – che riassume in un piatto solo il miracolo energetico e gustativo della dieta mediterranea –, esprime un inarrivabile magistero culinario e insieme le genialità e l'astuzia tutte partenopee di far sembrare ciò che non è, di ingannare perfino la miseria. Ma riecheggia anche il ricettario della scaramanzia, la quale, proprio a Napoli ha la sua università: l'aglio è un potente scacciaguai e il pomodoro è rosso, quindi una raffigurazione simbolica del sangue miracoloso di san Gennaro. L'altra versione, forse la più universalmente nota, la Margherita, testimonia la sottile arte napoletana di compiacere senza farsene accorgere: fu Raffaele Esposito a crearla togliendo l'aglio e aggiungendo la mozzarella e il basilico: "Comm' o' tricolore della nostra bella Italia, regina mia", spiegò a Sua Altezza Margherita, moglie di Umberto I di Savoia, in visita a Napoli negli anni '80 dell'800. Dedicata alla sovrana con tanto trasporto patriottico, quella pizza innovativa fu battezzata Margherita, appunto: un colpo di genio pubblicitario che in breve decise il destino della pizza come categoria gastronomica. L'impiego della mozzarella divenne un obbligo o quasi: stava a indicare un popolo con più soldi, o almeno la speranza che così fosse. I pochi tipi di pizze che ne erano privi, di mozzarella s'intende, richiamavano un passato di penuria alimentare o evocavano problemi di salute.

Invented in the 17th century after the arrival from Peru of the tomato, pizza is now the world's most widespread dish. However, true pizza is only made in the shadow of Vesuvius.

Without pizza, Naples might not be Naples. Perhaps, because the parthenopian city has thousands of other resources. What is indubitable is that without Naples there would be no pizza. It is too closely intertwined with the city's spirit. In a certain sense it is the gastronomic metaphor of its unique and unrepeatable ability to transform stones into jewels. Others have claimed paternity of this food of the poor so loved by the rich, many cases of parentage have been adumbrated or openly prosecuted. But DNA and history do not lie: the ancient Egyptians and the Chinese may have had a disk of flour and water on their menus, but where was the yeast? And more importantly, where was the tomato? Until the 16th century it was in Peru. That is the blazing proof that the pizza could not have come from the Middle or Far East. Some "pizza-esque" chromosomes may have made it onto the tables of the Romans, as suggested by the most recent findings in Pompeii, but — excuse me — these are only chromosomes, circumstantial evidence that no jury would ever accept. With their thick crust pizza with tomatoes and basil, Bari and Puglia in general might rightly advance some claim to parentage, but they were lands of the reign of the Bourbons, of which Naples was the capital. *Ubi major…* No, pizza is Neapolitan. Thus shall it be. In its original version, dating back, as far as we know, to the 17th century, the Marinara, made with tomatoes, garlic, oregano (or basil), and a light squirt of olive oil — summing up in a single dish the energetic and gustative miracle of the Mediterranean diet — expresses an unparalleled culinary precept and the completely Neapolitan genius and cleverness for making things seem what they are not, even to fool misery itself. But it also recapitulates the cookbook of good luck charms, whose university is based precisely in Naples: garlic is powerful at warding off evil, and the tomato is red, and hence symbolizes the miraculous blood of Saint Gennaro. The other version, perhaps the more universally recognized, the Margherita, bears witness to the subtle Neapolitan art of pleasing without making a show of it. Raffaele Esposito created it by removing the garlic and adding mozzarella and basil: "Like the three colors of our beautiful Italy, my queen", he explained to her highness Margherita, wife of Umberto I of Savoy, visiting Naples in the 1880s. Dedicated to the queen with much patriotic transport, that innovative pizza was dubbed and has remained the "Margherita". It was a stroke of publicity genius that would determine the fate of pizza as a gastronomic category. The use of mozzarella was soon *de rigueur* or nearly: it indicated a people with more money, or at least the hope of having it. The few versions of pizza without it evoked a past of dietary deprivation and poor health.

## Lo sciù

Il nome di questo dolce deriva dallo chou (cavolo) francese, l'elaborato e profumato fiorellino che i Monzù (pronuncia napoletana del francese Monsieur) portarono nelle cucine del regno delle Due Sicilie, nel periodo in cui erano al seguito della corte napoleonica. Anche dopo la sconfitta del re di Napoli Gioacchino Murat, questi eccellenti cuochi francesi restarono nel Mezzogiorno d'Italia perché ricercati e contesi da tutte le case aristocratiche napoletane e siciliane. Essi allietarono di leccornie raffinate le nostre tavole. Con l'indebolimento dell'aristocrazia man mano diventarono sempre più rari, ma il nome Monzù rimase a tutti i cuochi delle case private meridionali. Oggi la cucina napoletana, insieme al suo vocabolario dialettale, conserva anche questa tradizione che rimane nei sapori e nei nomi che i Monzù, uniti al popolo, davano alle ricette, come a questo sciù. Accingiamoci a lavorare (con buon risultato!) questa pasta per bignet che il pasticcere sa manipolare con arte. In una pentola dal doppio fondo, stretta e alta, mettere 40 grammi di strutto (o burro), una punta di cucchiaino di sale fino e versarvi 1/4 di l di acqua. Al bollore allontanare dal fuoco e immergervi la farina lasciandola cadere con la mano sinistra velocemente a pioggia, mescolando contemporaneamente con un cucchiaio di legno con la destra. Rimettere subito su fiamma molto bassa girando sempre con forza per 2-3 minuti fino a quando l'impasto diventa liscio e si stacca dalle pareti della pentola. Allontanare dal fuoco e versare un uovo per volta, dopo ciascun uovo mescolare vivacemente fino a quando l'impasto riprende il suo aspetto compatto e levigato quindi versarne un altro. Dopo l'ultimo uovo l'impasto, se è stato bene montato, si gonfia. Con un cucchiaio asciutto – aiutandosi con un cucchiaino –, prendere una cucchiaiata per volta e porla sulla leccarda su cui è stato messo un doppio foglio di alluminio un poco unto di burro. Fare cadere l'impasto dal cucchiaio in una forma rettangolare di 4,5 × 10 cm. Una volta che il forno, acceso precedentemente a 180°, sarà ben caldo, mettervi gli sciù in un piano alto e aumentare a 200°. Dopo 20 minuti spegnere e lasciare raffreddare in forno gli sciù che devono risultare rigonfi, di un bel colore biondo uniforme e internamente quasi vuoti, con solo un po' di impasto dall'aspetto di una frittatina.

## Lo sciù

The name of this sweet, *sciù*, (pronounced "shoe" - translator's note) derives from the French "chou" (cabbage), the elaborate scented little flower that the *Monzù* (Neapolitan pronunciation of the French 'monsieur') brought to the kitchens of the Kingdom of the Two Sicilies when they came to Italy as part of Napoleon's court. Even after the defeat of the king of Naples, Gioacchino Murat, these excellent French chefs stayed in southern Italy because they were in high demand and fought over by all the Neapolitan and Sicilian aristocratic houses. They enlivened the Italian table with refined delicacies. With the weakening of the aristocracy they gradually became scarce, but the name *Monzù* stuck to distinguish the cooks of the private southern Italian houses. Modern Neapolitan cooking, together with its dialect, has conserved this tradition in the flavors and names that the *Monzù*, together with the local people, gave to their recipes, such as this *sciù*.
Let us get to work to make (and the results are worth it!) this beignet dough that a pastry chef must be skilled at handling. In a tall and narrow double bottom pan, put 40 grams of lard (or butter), a pinch of fine salt, and 1/4 liter of water. Bring to a boil, remove from heat and with one hand quickly sprinkle in the flour while mixing with a wooden spoon in the other. Put over a very low flame and stir energetically for 2-3 minutes until the dough is smooth and detaches from the walls of the pan. Remove from heat and add one egg at a time, mixing thoroughly until the dough regains its smooth and homogenous aspect before adding the next egg. If the dough has been properly mixed, it will swell after the addition of the last egg. With a clean and dry spoon, and the help of a smaller spoon, place a spoonful at a time on a cookie sheet covered with a double layer of lightly buttered aluminum foil. The dough should fall from the spoon into a rectangle approximately 4.5 × 10 cm. The oven should be preheated to 180°C (350°F). When it is hot, place the *sciù* on an upper rack and increase the temperature to 200°C (390°F). After 20 minutes, the *sciù* should be puffed up, a uniform golden brown, and almost empty inside except for a bit of dough that will look like cooked egg. Turn off the oven but do not remove the *sciù*; let them cool inside.

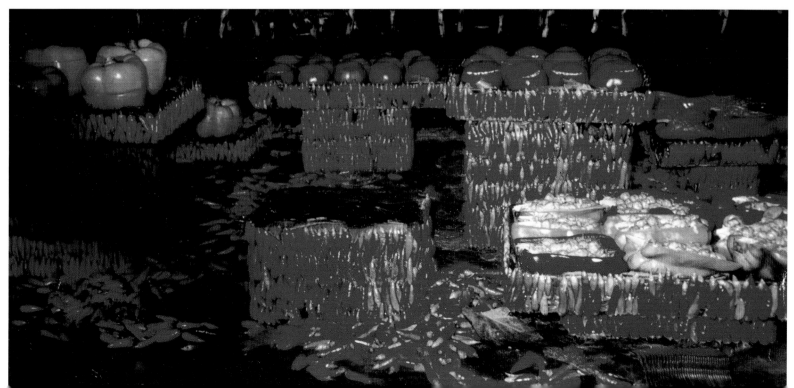

# Torta caprese

*Per 8 persone*

*g 30 di mandorle tritate, g 200 di zucchero semolato,*
*5 di uova, g 100 di burro,*
*g 300 di cioccolato fondente,*
*3 cucchiai di fecola di patate, 2 bustine*
*di vanillina, 1 bustina di lievito chimico,*
*mezzo bicchiere di Amaretto di Saronno,*
*1 cucchiaino di aroma alla mandorla*

*Scaldate il forno a 180°. In una terrina mescolate*
*insieme lo zucchero, le uova, le mandorle e il liquore.*
*Fondete a bagnomaria il cioccolato con il burro e*
*versatelo a filo sul composto, sempre mescolando.*
*Unite il lievito, la vanillina, la fecola e l'aroma;*
*mescolate fino a ottenere un composto omogeneo e*
*infornate per 50 minuti.*
*Spolverizzate di zucchero a velo.*

# Pastiera
# con crema

*In molte famiglie napoletane è di uso mettere un po'*
*di crema nella pastiera; questo la rende gustosa e*
*molto gradevole. Nelle pasticcerie invece è*
*consuetudine prepararla più bassa e con più grano,*
*per ottenere una eccellente torta pur se dal gusto*
*lievemente diverso. Nata per chiudere la colazione*
*della Pasqua, è diventata oggi a Napoli un dolce da*
*offrire in qualsiasi festività.*

*In un pentolino mettere 4 cucchiaini rasi di amido e*
*scioglierli in 15 cucchiai di latte. Aggiungervi il*
*tuorlo, 35 g di zucchero e portare lentamente a*
*bollore, quindi allontanare la crema ottenuta dal*
*fuoco. Sciacquare velocemente il grano in un*
*colapasta per privarlo di un po' dell'amido che*
*contiene. Bollirlo in un quarto di latte per una*
*ventina di minuti mescolando costantemente poi*
*passarne metà nel tritatutto. In una ciotola mescolare*
*il grano intero e passato, lo zucchero, la ricotta, le*
*uova, le scorze degli agrumi a pezzettini piccolissimi,*
*i due cucchiai di acqua millefiori e la crema*
*raffreddata. Fare una pasta frolla e spianarne due*
*terzi in piccole sfoglie alte 1/2 centimetro, porle vicine*
*tra loro in una teglia sottile dal diametro di*
*30 centimetri imburrata e unirle tra loro con la*
*pressione delle dita. Foderare di pasta la teglia fino*
*al limite del bordo con un sottile cornicione.*
*Infornare la torta in forno molto caldo e contare i*

*tempi di cottura quando si intravedono le bollicine al*
*bordo. Sformarla quando è fredda, non conservarla*
*in frigorifero, ma tenerla a temperatura ambiente per*
*4-5 giorni. Per 18 porzioni. Per la pasta: farina g*
*450; zucchero g 225; 3 tuorli, 1 chiara; burro g 125.*
*Per il ripieno: grano in barattolo g 900; zucchero g*
*450; ricotta g 400; 6 tuorli; 3 chiare; scorza di 2*
*arance e di 1 limone; acqua millefiori cl 2; latte l 1/4.*
*Per la crema: latte cl 15; 1 tuorlo; zucchero g 35;*
*amido di frumento g 8. Per ungere: burro g 30.*
*Tempo di cottura: 35 minuti nel forno a 200°.*

# Sartù

*Fare la salsa ragù secondo le proporzioni date.*
*Cuocerla per due ore e alla fine allungarla con 5-6*
*cucchiai di acqua. Un terzo di essa serve per condire il*
*riso, un terzo per il ripieno e un terzo per una la*
*salsiera da mettere a tavola. La carne del ragù può*
*venire usata per un secondo piatto. Preparare 80*
*polpettine di carne piccolissime col manzo macinato,*
*la mollica bagnata e strizzata, un uovo e il sale.*
*Friggerle 40 per volta in una padella con 8 cucchiai*
*di olio d'oliva per 6-7 minuti.*
*Quindi condirle con un poco del ragù.*
*Cucinare i piselli sgocciolati con una cipolla affettata,*
*25 g di burro, un bicchiere e mezzo di acqua per*
*un'ora e mezza. Farli asciugare del tutto e salarli.*
*Ungere con 25 g di burro una teglia da timballo*
*di 24 cm di diametro e 8 di altezza. Lessare il riso per*
*5 min e condirlo con un terzo del Ragù raffreddato e*
*20 g di parmigiano. Quindi amalgamarvi 3 uova*
*sbattute lievemente in un piatto con un po' di sale.*
*Porre il riso sul fondo e su tutti i lati della teglia*
*facendovelo bene aderire con il dorso di una forchetta;*
*farlo arrivare fino al limite del bordo in uno strato di*
*due centimetri. Porre sul riso un poco di salsa e di*
*parmigiano. Quindi mettervi le polpettine bene*
*distribuite, poi la provola a dadi e infine i piselli*
*raffreddati. Spolverizzare pochissimo parmigiano.*
*Questo ripieno arriva fino al limite del bordo del sartù*
*ed è di grande effetto vedere il colore verde dei piselli*
*sopra questa "scatola" rossa e scoperta. Mettere in*
*forno già molto caldo a 280° e diminuire a 200°*
*soltanto quando si vede friggere lievemente il timballo*
*al bordo e allora contare il tempo di cottura. Quando è*
*tiepido è facile sformarlo inserendo la lama di un*
*coltello tra le pareti della teglia e il riso. Capovolgerlo*
*sopra un coperchio e poi nuovamente su un bel piatto*
*da portata col fondo piano. Andare in giro per tutta la*

*Campania alla ricerca dell'ultimo Monzù, invitarlo a*
*colazione e servire il sartù accompagnato*
*dal terzo del ragù caldo in una salsiera.*
*Per 10 porzioni: riso fino g 700; burro g 50; olio*
*d'oliva cl 8. Per il ripieno: piselli in scatola g 300;*
*1 cipolla; provola fresca g 200; manzo macinato g*
*200; mollica rafferma g 60; 4 uova; parmigiano*
*grattugiato g 30. Per il ragù: polpa di manzo kg 1;*
*pomodori pelati kg 1.600; pomodoro concentrato gr*
*140; vino rosso dl 1; 2 spicchi di aglio; 1 cipolla;*
*olio d'oliva (o strutto di maiale) g 80.*
*Tempo di cottura: 30 minuti nel forno a 200°.*

# Ravioli
# alla caprese

*Per 4 persone*

*Per la foglia: g 500 di farina, 2 cucchiai di olio*
*d'oliva extravergine, mezzo litro d'acqua*
*Per il ripieno: g 300 di caciotta vaccina secca*
*grattugiata, g 200 di formaggio parmigiano*
*grattugiato, 2 uova sbattute, 1 cucchiaino*
*di maggiorana tritata.*

*Per la sfoglia: mettere in un recipiente la farina,*
*aggiungete 2 cucchiai di olio d'oliva extravergine, 1/2*
*lt di acqua calda e mescolate bene fino a ottenere un*
*composto omogeneo. Fate riposare la pasta coperta.*
*Nel frattempo preparate il ripieno amalgamando a*
*lungo tutti gli ingredienti. Riprendete la pasta e*
*lavoratela con le mani per alcuni minuti*
*infarinandola di tanto in tanto. Stendetela con un*
*mattarello fino a ottenere una sfoglia sottile. Tagliate*
*la sfoglia in due e distribuite su una metà dei*
*mucchietti di ripieno. Coprite con la seconda metà la*
*sfoglia, fatela aderire leggermente e poi ritagliate i*
*ravioli con l'apposito attrezzo. Cuocete i ravioli in*
*acqua bollente salata, scolateli e conditeli con del*
*buon sugo di pomodoro fresco insaporito con basilico.*

# Polipetti
# affogati

*Mettere in un tegame i polipetti puliti con 500 g di*
*pomodorini, olive nere a piacere, prezzemolo e olio.*
*Cuocere i polipetti, coperti solo in parte, per circa*
*un'ora o più, a seconda della grandezza.*
*Servire con qualche cozza precedentemente aperta in*
*un soffritto di aglio e olio.*

# Spaghetti alla carbonara

*Per 6 persone*
*500 g di spaghetti, 150 g di guanciale, 20 g di burro,*
*1 uovo e 2 tuorli, 5 g di pecorino grattugiato,*
*sale e pepe.*
Tagliare il guanciale a dadini e, in un tegame che
possa contenere anche gli spaghetti, farlo rosolare con
il burro (la ricetta originale prevede una cucchiaiata
di strutto) finché la parte grassa è diventata
trasparente, senza che si rinsecchisca troppo. A parte,
nel recipiente in cui gli spaghetti verranno portati in
tavola, battere l'uovo e i tuorli con i formaggi. Far
cuocere la pasta, scolarla e versarla nella pentola in
cui si trova il guanciale; mescolare bene fino a che la
pasta sia tutta uniformemente condita. Con qualche
cucchiaiata di acqua di cottura della pasta, versare a
poco a poco mescolando velocemente, diluire e
riscaldare il composto d'uovo; unire la pasta e,
sempre mescolando velocemente, condirla
uniformemente. Completare con un'abbondante
spolverata di pepe macinato piuttosto grosso.

# Spaghetti alla carbonara con panna

In una ciotola battere 4 uova intere con 2 dl di
panna e con 50 g di parmigiano grattugiato. Scolare
gli spaghetti, versarli nella zuppiera e condirli con il
guanciale, mescolando bene. Far sciogliere a fuoco
dolce 50 g di burro in una larga padella che possa
contenere anche la pasta, mescolando in
continuazione, aggiungere il composto, con le uova e
farlo leggermente rapprendere. Unire la pasta e
procedere come nella ricetta principale.

# Spaghetti cacio e pepe

È una vecchia ricetta romana. Si prepara condendo
gli spaghetti con caciotta di pecora non troppo
stagionata e grattugiata e un'abbondante dose di pepe
macinato un po' grosso. Si può aggiungere qualche
cucchiaiata d'acqua di cottura della pasta per
amalgamare meglio gli spaghetti e il condimento.

# Bucatini all'amatriciana

In nome di questo piatto viene da Amatrice, cittadina
in provincia di Rieti. Rosolare in tegame 150 g di
ventresca di maiale (guanciale romano) in due
cucchiai d'olio e cuocere per qualche minuto.
Togliere la ventresca e nel fondo di cottura mettere a
soffriggere una cipolla con un pezzetto di peperoncino.
Quando la cipolla è colorita unire 300 g di polpa di
pomodoro e condire con sale e pepe. In ultimo riunire
anche la ventresca tolta precedentemente. Nel
frattempo, cuocere 600 g di bucatini in abbondante
acqua salata; scolarli al dente condirli con la salsa e
abbondante pecorino grattugiato. Tipica di Roma è
l'amatriciana in bianco detta anche grigia.

# Spaghetti con ragù

Fate rosolare e ben imbiondire un quarto di cipolla e
uno scalogno ben tagliati a fettine, in olio bollente
dove sarà messa pure una fogliolina di salvia.
A parte, in una teglia, con burro e olio d'oliva in
parti uguali, preparate un ottimo sugo con carote, un
pizzico di prezzemolo e conserva di pomodoro fresco,
avendo cura di cuocere a fuoco lento. A cottura
ultimata, aggiungete a questo sugo la cipolla e lo
scalogno già rotolati e tagliuzzati, quindi fate bollire
il tutto per ancora 3-4 minuti. Versate il sugo
ottenuto sugli spaghetti al dente. Immediatamente
aggiungete un cucchiaino di balsamico, uno per ogni
persona, indi mescolare velocemente.

# Penne alla puttanesca

Si dice che il nome di questa ricetta napoletana sia da
attribuire agli indumenti intimi delle ragazze dei
quartieri spagnoli; pare indossassero biancheria di ogni
tipo, i cui tanti colori si ritroverebbero nell'omonima
salsa. In una casseruola mettere 3 cucchiai di olio
extravergine d'oliva, 50 g di filetti di acciuga
spezzattati, 10 g di capperi dissalati e tritati, mezzo
chilo di pomodori spellati privati dei semi e ridotti a
filettini, 100 g di olive tagliate a rondelle uno spicchio
d'aglio, un pezzetto di peperoncino piccante e un pizzico
di origano. Avviare la cottura su fiamma vivace,

regolando di sale. Far insaporire per circa 5 minuti.
Cuocere 600 g di penne, condire con il sugo,
mantecare in padella e, alla fine,
aggiungere il prezzemolo tritato.

# Spaghetti alla siciliana

*Per 6 persone*
*6 o 7 piccole melanzane o 2 di media grandezza*
*nettate e tagliate a dadini, in tutto 650 g, sale*
*125 ml di olio d'oliva*
*7 g di prezzemolo tritato*
*pepe macinato fresco*
*500 g di spaghetti*
*500 ml. di salsa di pomodoro*
*1 cucchiaio di burro ammorbidito*
*30 g di parmigiano grattugiato fresco,*
*più quello da portare in tavola*
*110 g di mozzarella tagliata a dadini*
Mettere le melanzane tagliate a dadini in un
colabrodo, cospargerle di sale e sistemare il colabrodo
su un catino o sul lavello della cucina. Lasciare sotto
sale per almeno 30 minuti, poi metterle su tovaglioli
di carta e asciugarle. Scaldare in una grande padella
l'olio. Alzare la fiamma e versarvi le melanzane,
lasciandole cuocere per circa 15 minuti, mescolando
spesso. Riunire ai lati del tegame le melanzane,
lasciando l'olio al centro, in modo che sia ben caldo,
versarvi poi l'aglio, il prezzemolo, il basilico.
Lasciarli cuocere per 1 minuto o 2, poi mescolare
dolcemente insieme alle melanzane. Condire con sale e
pepe, abbassare la fiamma e continuare la cottura,
rimestando spesso fin quando le melanzane saranno
cotte ma non sfatte. Ci vorranno circa 10 minuti.
Mettere le melanzane di lato nella padella. Fare
bollire una pentola d'acqua. Appena l'acqua bolle,
salarla e tuffarvi gli spaghetti lasciandoli cuocere per
7-8 minuti. Scolarli al dente. Nel frattempo versare
la salsa di pomodoro nella padella delle melanzane e
lasciare cuocere su fiamma moderata fin quando non
sarà caldissima. Assaggiare la salsa e correggere il
condimento. Quando gli spaghetti saranno cotti,
scolarli, versarli nella padella e mescolare bene.
Aggiungere il burro, il parmigiano e la mozzarella a
dadini, metterli su fiamma moderata per 1 minuto
poi riversare gli spaghetti su un piatto riscaldato
precedentemente. Portare in tavola con una ciotolina
di parmigiano grattugiato.

# Strufoli

*3 uova, 250 g di farina,*
*1 litro di olio di oliva per friggere, 2 bicchieri di*
*miele, 3 cucchiai da tavola di zucchero, un pizzico*
*di sale, un bicchierino di liquore Strega,*
*confettini per guarnire a piacere.*
*Fare una pasta morbida con le uova, la farina,*
*un pizzico di sale e il liquore Strega. Lasciarla*
*riposare in un panno di cotone pulito e, un pezzo*
*alla volta fare dei bastoncini sottili. Tagliarli a*
*dadini (strufoli), cuocerli in olio di oliva bollente e*
*metterli ad asciugare su della carta da cucina.*
*Esaurita la pasta, mettere in una teglia il miele e lo*
*zucchero. Farli sciogliere bene e quindi unire gli*
*strufoli, amalgamare il tutto e aggiustarli sul*
*piatto di portata. Cospargerli di confettini colorati.*
SIMONA SALVINI

# Il sugo al Pomodoro

Per preparare il sugo, il condimento più amato dagli
Italiani, occorre innanzitutto pomodoro fresco.
Nel sugo dovrebbero esserci tutti gli odori:
aglio, cipolla olio e basilico

## Bucatini all'amatriciana

Il nome di questo piatto viene da Amatrice in provincia di Rieti.

Rosolare in un tegame 150 gr di ventresca di maiale in
2 cucchiai d'olio e cuocere per qualche minuto.
Togliere la ventresca e nel fondo di cottura mettere a soffriggere
una cipolla con un pezzetto di peperoncino. Unire 300 gr
di polpa di pomodoro, condire con sale e pepe. Alla fine
unire anche la ventresca tolta precedentemente.
Cuocere 600 gr di Bucatini in abbondante
acqua salata. Scolarli al dente e condirli
con la salsa e abbondante pecorino grattugiato.

## Spaghetti and Tomato

Bring some water to the boil; Drop in the fresh Tomatoes,
remove immediately jell off the withered skin
Over a low heat cook with garlic and olio extra vergine
d'oliva for about 15 min, add a lot of basil.
Bring a pot of salt water to the boil and cook the
Spaghetti " al dente ". Transfer to a soup Tureen,
add tomato sauce, parmigiano reggiano,
and mix well!

# Pazzi per la Pizza

Il segreto? Tutto nell'impasto che fa la differenza:
Lievito madre, forza delle farine e tempi di Lievitazione
Le farine hanno forza diversa. I dosaggi per l'impasto variano secondo
le condizioni meteorologiche + Passione.
   guai a mettersi di fronte ad un impasto con insicurezza,
   devi essere sicuro di vincere Tu, di saperlo dominare, se

Bolle ampie
Cotture Omogenee
Colore Naturale dato
dal Forno

l'impasto è debole
devi sapere con
che farina
rinforzarlo,
quanto ossigeno
dargli lavorandolo

* Prodere: 48 ore di Lievitazione usando un misto di farine di soia
granulare e manitoba

Il fior di latte di Agerola è più adatto alla cottura rispetto alla
Mozzarella di Bufala

# A caccia di piaceri

## Pata negra allo champagne

È l'ultimo abbinamento per palati ricercati.
Ai buongustai può sembrare un azzardo, un paradosso enogastrono-
mico, una mossa ardita per stupire. Accostare allo champagne la
sanguigna materialità delle carni di maiale, di solito sinonimo di sa-
gra paesana che non di alta gastronomia. Ma se il maiale si chiama
pata negra e se, dopo una stagionatura media di 24 mesi, si trasforma in puro Jamòn Ibérico de Bellota, il discorso cambia. Per descri-
vere questo bizzarro matrimonio di aromi e sapori bisogna fare un
salto spazio-temporale e raccontare l'Extremadura, regione vasta e
solare della Spagna sud-occidentale estranea ai circuiti turistici.
Una terra rimasta ai margini dello sviluppo industriale iberico, dove
ancora prevale una cultura rurale e naturalistica. I paesaggi dell'Extremadura appaiono così come evoca il nome: estremi, duri, aspri.
Spettacolari per chi li visita, avari per chi nel corso dei secoli ha cer-
cato di strapparvi i campi da coltivare. Esiste un detto in Spagna co-
niato per spiegare come mai la maggior parte dei grandi conquistadores siano di origine extremeña: " Porque no habìa nada que hacer
en Extremadura" (Perché non c'era niente da fare in Extremadura).
Eppure, in questa terra persa nel tempo, la natura è stata generosa
con l'uomo: ai suoi pochi abitanti ha regalato l'habitat ideale per al-
levare il maiale. Se nella savana il re è il leone, qui il sovrano incon-
trastato è proprio il "cerdo". In Spagna questo ecosistema ancora
intatto si chiama "dehesa", una via di mezzo tra il bosco e la prate-
ria, un luogo da fiaba, una sorta di foresta degli elfi in terra iberica.
La dehesa è caratterizzata da una fitta vegetazione di querce ed è
dai frutti di questi alberi secolari, le ghiande, che il maiale trae la
propria alimentazione. Il cerdo iberico è il discendente del magico
incontro fra il maiale selvatico e il cinghiale.

# Beccaccino arrostito con cavolo verde, salsa di tartufi e patate rosolate

*Per 4 persone*
*8 beccaccini, 1 piccolo cavolo verde*
*di circa 400 g già mondato,*
*sale e pepe nero macinato al momento,*
*250 g di burro fresco di fattoria,*
*1 pizzico di noce moscata,*
*1,2 dl di brodo di pollo chiaro.*
*Per la salsa ai tartufi:*
*1,2 dl di porto,*
*1 cucchiaio da tavola di succa di tartufo,*
*0,7 dl di fondo bruno,*
*30 g di tartufo tritato finemente.*
*Per le patate:*
*2 grasse patate, ciascuna del peso di 200 g,*
*2 cucchiai da tavola di grasse d'oca.*

*Preparazione delle verdure:*
Tagliate il cavolo a listarelle, sbianchitele in acqua bollente salata per 5 minuti, scolatele e mettetele a rosolare in un tegame largo con 100 g di burro già fuso. Aggiustate con sale, pepe nero e noce moscata, bagnate con il brodo e coprite il tegame lasciando stufare a fiamma bassa per 30-45 minuti.
Sbucciate le patate dando loro la forma di grossi tappi molto lunghi e affettatele dello spessore di una moneta. Scaldate il grasso d'oca, aggiungetevi le fette di parare, mescolatele molto bene perché siano completamene ricoperte di grasso, quindi passatele in forno a 180°, insieme ai beccaccini e portate a cottura.

*Cottura dei beccaccini e preparazione della salsa:*
Ungete i beccaccini con 60 g di burro, conditeli con sale e pepe nero e passateli in forno, nello stesso tegame delle patate, per 10-12 minuti, bagnando spesso con il grasso del tegame. Versate il porto in un piccolo tegame, portate a bollore e fate ridurre a 0,6 dl. Aggiungete al porto il succo di tartufo,

il fondo bruno e condite con sale e pepe nero.
Lasciate cuocere la salsa per 5 minuti, quindi, addensatela incorporandovi il resto del burro a dadini; pochi per volta, aggiungendoli man mano che quelli precedenti si sciolgono in modo che la salsa risulti vellutata. Per ultimo, aggiungete il tartufo tritato finemente.

*Presentazione:*
Dividete le listerelle di cavolo, ben scolate, in modo da formare una mezzaluna sul fondo di ogni piatto riscaldato, e disponetene delle altre a montagnetta sul lato opposto. Collocate 2 beccaccini su ogni piatto e fra i due beccaccini una montagnetta di salsa al tartufo. Guarnire con le patate rosolate e unitevi il fondo di cacciagione.
Aggiungete – mescolando – la panna fresca e, velocemente, aiutandovi con una frusta, il burro rimasto. Completate con la gelatina di ribes rosso e aggiustare di sale e pepe.

# Quaglie ripiene alla rosa e pistacchi

*4 quaglie, lavate e asciugate,*
*2 cipolle piccole, tritate finemente,*
*2 cucchiai di pistacchi, tritati finemente*
*e 1 spicchio d'aglio tritato,*
*1 cucchiaino di semi di coriandolo,*
*pestati finemente,*
*1 cucchiaino di cumino, qualche petalo di rosa tritato, 1 cucchiaino di acqua di rose,*
*olio extravergine d'oliva e sale.*
In una padella fate imbiondire a fiamma bassa le cipolle e l'aglio con olio, quindi aggiungete i pistacchi, il coriandolo e il cumino.
Cuocete per alcuni minuti, poi togliete dal fuco e lasciate raffreddare; aggiungete i petali e l'acqua di rose. Salate le quaglie sia all'interno che all'esterno. Riempitele con il composto preparato e, con qualche stuzzicadenti, sigillate in modo che non ci siano fuoriuscite. Spennellate l'esterno con dell'olio d'oliva. Disponete le quaglie in una pirofila e mettetele in forno già riscaldato a 190° per una ventina di minuti.

# Medaglioni di fagiano

*1 fagiano*
*4 fette di pancarrè*
*1 bicchiere di marsala*
*1 bicchiere di vino bianco secco*
*sale, pepe*
*1 bicchiere di panna*
*4 fette di fegato d'oca*
*burro*
*olio*
*1/2 bicchiere di latte*
Disossare il fagiano e fare 4 parti; tenere da parte il fegato. Salare, pepare, fare dei fagottini e legarli con dello spago.
In una padella far rosolare una noce di burro e un pochino di olio di oliva; adagiarvi i fagottini e rosolarli da ogni parte, abbassare la fiamma e farli cuocere per due ore circa.
Se necessario aggiungere del vino bianco.
Prendere il pancarrè, tagliarlo a cerchi, passarli velocemente nel latte, dorarli nel burro e poi passarli al forno per 5 minuti.
Poco prima di servire i medaglioni togliere lo spago e tenerli da parte.
Nella padella dove è stato cotto il fagiano mettere il fegato di fagiano e cuocerlo per 5 minuti, passarlo al setaccio, rimettere il tutto nella padella e aggiungere la panna.
Disporre nel piatto di portata il pancarrè, per ogni fetta di pane mettere una fettina di fegato d'oca e un medaglione.
Bagnare con la salsina appena fatta e servire ben caldo.

Suzanne
Syz

Ratti

# Petto d'anatra
# ai frutti di bosco

*Per 4 persone*

*1 petto d'anatra, 200 g di fegato grasso d'oca,*

*250 g di misto di frutti di bosco, succo d'arancia,*

*olio, sale, pepe, aceto balsamico,*

*zucchero (secondo i gusti).*

*Rosolare il petto d'anatra con dell'olio in una*

*padella, infornare e cuocere a 200° per 8 minuti.*

*A cottura ultimata, tagliare il petto dell'anatra*

*in fette di media grandezza e ridurre*

*in fette sottili anche il fegato grasso,*

*poi adagiarlo nel piatto insieme all'anatra*

*e versarvi la salsa di frutti di bosco.*

*La salsa:*

*cuocere con il succo d'arancia i frutti di bosco,*

*passarli al setaccio dopo averli frullati, mettere la*

*salsa in padella terminando la cottura con sale,*

*pepe e alcune gocce di aceto balsamico. Dosare*

*zucchero o aceto balsamico a seconda dei gusti.*

124

Ratti

## Maiale in salsa di porcini

Per 6 persone

6 piedini di maiale, 500 g di teste di porcini,
2 spicchi d'aglio, un mazzetto di prezzemolo,
un mazzetto di erbe aromatiche, 1 cucchiaio
di senape, 2 scalogni, 1 bicchiere di vino rosso
metodo champenois, 50 g di pangrattato,
10 cl di olio extravergine, sale e pepe.

Cuocere i piedini di maiale nel brodo con le erbe
aromatiche per circa 2 ore. Disossarli. Lavorare la
carne con la senape, il prezzemolo tritato, sale e
pepe. Rimettere le ossa nel brodo e farlo ridurre.
Con la carne lavorata preparare un sottile cilindro
e avvolgerlo nella pellicola per alimenti.
Raffreddarlo in frigorifero quindi tagliarlo in
piccoli pezzi. Passarli nel pangrattato e friggerli.

## Coniglio e quaglie arrosto

Per 6 persone

6 quaglie, pronte per essere arrostite,
da 1600 a 1800 g. di coniglio,
tagliato in piccoli pezzi

Per la marinata:

2 costole di sedano, tagliate in pezzi da 2,5 cm,
2 cipolle medie, tagliate in pezzi di 2,5 cm,
1 carota, tagliata in pezzi da 2,5 cm,
6 rametti di prezzemolo, tritati grossolanamente,
2 rametti di timo fresco,
2 rametti di rosmarino fresco,
1 spicchio d'aglio tritato, 750 ml di vino bianco secco,
375 ml di vino rosso secco,
2 cucchiai di aceto di vino rosso,
12 grani di pepe, tritati finemente,
sale, pepe appena macinato, 625 ml di vino bianco
secco, 2 cucchiai di aceto di vino rosso, 35 g di farina

Per guarnire:

60 ml di olio d'oliva, 1 spicchio d'aglio schiacciato,
450 g di funghi, a fettine sottili, sale, pepe appena

macinato, 6 foglie di salvia fresca,
6 fette di pancetta affumicata

Amalgamare tutti gli ingredienti per la marinata in
una ciotola. Mettere le quaglie in un'altra terrina.
Mescolare quindi molto bene una manciata di
verdura e circa una tazza del liquido della marinata
alle quaglie. Immergere i pezzi di coniglio in una
terrina larga piena di marinata, coprire entrambe le
ciotole e lasciarle riposare in frigorifero
per almeno 8 ore, meglio tutta la notte.
Cuocere il coniglio: riscaldare il forno a 180°.
Togliere il coniglio dalla marinata e asciugarlo con
una salvietta di carta. Conservare la marinata.
Scaldare 60 ml di olio in una padella larga a fuoco-
alto e rosolare il coniglio, un po' per volta, per circa
10 minuti. Mettere i pezzi di coniglio
in una casseruola. Aggiungere la cipolla, il sedano
e il pepe e cuocere, mescolando frequentemente,
fino a che le verdure non saranno appassite
e il liquido evaporato; ci vorranno circa 15 minuti.
Condire con sale e pepe, aggiungere 500 ml di vino e
l'aceto e portare a ebollizione.
Versare la verdura sopra il coniglio, coprire con un
coperchio e infornare per 30 minuti.

## Carré d'agnello alle nocciole

120 g di burro

1,6 kg di carré d'agnello

200 g di pancarrè

100 g di farina di nocciole

800 g di zucchine riviera

aglio, olio extravergine d'oliva, farina, sale

Preparare il burro chiarificato facendolo fondere a bagnomaria ed eliminando quanto più possibile il siero e la parte biancastra che rimane in superficie.

Pulire il carré di agnello e tagliarlo a costolette piuttosto spesse. In un piatto piano mettere il pancarrè tritato e mescolarlo alla farina di nocciole.

Passare la carne nel pane aromatizzato e farla rosolare in padella con 100 g di burro preparato.

Trasferire la carne in una teglia, portarla a cottura nel forno caldo a 180° e regolare il sale.

Nel frattempo staccare i fiori dalle zucchine, affettarle e farle saltare in padella con aglio, olio e sale.

Infarinare leggermente e friggere i fiori.

Servire la carne con i fiori e le zucchine.

Se si ha tempo, preparare una salsa al porto: riunire un mazzetto di erbe aromatiche, gli ossi di agnello, sedano, carota e cipolla, aglio, porri e prezzemolo.

Coprire di acqua e aromatizzare con il porto.

Cuocere su fuoco basso fino a ridurre della metà, salare, filtrare e aggiungere al piatto e alle verdure saltate.

## Cuscus all'agnello e castagne

Mettere 400 g di cuscus in una ciotola misurandoli in bicchieri. A parte, versare in una pentola lo stesso numero di bicchieri utilizzati per il cuscus, pieni d'acqua, con 2 cucchiai di olio extravergine di oliva e sale.

Bollire l'acqua e versarla sul cuscus, mescolare e far riposare per 8 minuti. Sgranare con la forchetta l'impasto ottenuto. Unire 100 g di uva sultanina, mescolare e tenere da parte. Pulire 1,2 kg di agnello e far rosolare in una casseruola con due cucchiai di olio a fiamma vivace, per 5 minuti. Aggiungere 3 litri d'acqua, 1 cucchiaino di pepe e 1 di coriandolo in grani insieme a 2 bustine di zafferano.

Salare e far cuocere a fuoco moderato per 45 minuti.

Intanto mondare 2 zucchine, 2 carote, 3 patate grandi, 3 coste di sedano; unire 100 g di piattoni, 10 cipolline boretane e l'agnello e far cuocere per 30 minuti.

## Zuppa d'orzo e funghi porcini con il profumo di lardo

200 g di orzo perlato

300 g funghi porcini

aglio, prezzemolo

sale, pepe, lardo

1 litro e 1|2 di brodo di carne

Far ammollare l'orzo in acqua per qualche ora, sciacquarlo abbondantemente sotto acqua corrente.

Intanto pulire i funghi con un panno umido e tagliarli a fettine. Soffriggere l'aglio e il prezzemolo tritati con un poco di lardo anch'esso tritato. Unire i funghi e far rilasciare loro l'acqua. Aggiungere l'orzo, far insaporire bene; aggiungere anche il brodo.

Portare a cottura regolando il sale.

Servire ben calda accompagnata da crostini di pepe macinato fresco e prezzemolo.

## Ovoli al parmigiano

600 g di ovoli

200 g di parmigiano

50 g di pecorino stagionato

2 cucchiai di succo di limone

6 cucchiaiate di olio extravergine d'oliva

sale e pepe

Pulire gli ovoli, lavarli rapidamente, asciugarli bene e tagliarli in fette sottili. Poi metterli in una capiente ciotola. Utilizzando un tagliatartufi, ridurre i tipi di formaggio in scaglie finissime e unirle ai funghi affettati. Preparare a parte la salsa unendo limone, olio, sale e pepe; emulsionare il tutto e versarlo sopra l'insalata.

Condire i funghi prima di portarli a tavola.

## Costolette alla bongustaia

4 costolette di vitello, farina, rosmarino, olio, burro,

1/2 bicchiere di vino bianco,

un cucchiaio di salsa Worcester,

4 tuorli d'uovo e cucchiaiate di parmigiano,

1 limone, prezzemolo.

Condire con sale e pepe le costolette battute e infarinate. In una teglia scaldare il burro, l'olio e un po' di rosmarino, rosolare da ambo le parti; un po' di vino e un po' di brodo, lasciare cuocere lentamente, aggiungere un po' di salsa Worcester. Cuocere un po' di riso al dente; scaldare e aggiungere un po' di burro e parmigiano. In una pirofila adagiare le costolette e su ognuna adagiare un po' di riso; fare un incavo su ogni montagnetta di riso dove si versa un tuorlo d'uovo e condito con un po' di sale, pepe e grana. Mettere la pirofila in forno caldo sino a quando il tuorlo si sarà rassodato. Servire con fettine di limone e ciuffi di prezzemolo!

ADELE COLOGNI

## Suprême di tacchino

Tagliare il petto di tacchino in fettine sottili. Passarle al burro e rosolarle con sale e pepe, lasciarle raffreddare. Preparare una besciamella piuttosto soda con 8 cucchiai colmi di farina, un pezzo di burro grande come un uovo, 1/2 litro di latte, abbondante formaggio grana ed emmenthal. Lasciare raffreddare, farcire le fettine con besciamella da tutte e due le parti poi nella farina, poi nell'uovo e nel pane grattugiato grosso. Friggerle in una padella con olio abbondante.

MARIA ANTONIETTA MARCHESI

## Suprême di pollo

Tagliare il petto di tacchino a fettine sottili; passarle nel burro e rosolarle con sale e pepe, lasciarle raffreddare.

Preparare una besciamella piuttosto soda con abbondante formaggio grana ed emmenthal. Farcire le fettine con la besciamella raffreddata passandole poi nella farina, poi nell'uovo e quindi nel pane grattugiato.

Friggere in una padella con olio abbondante.

MARIA ANTONIETTA MARCHESI

Note

# Fon in The Forest

Si, da per funghi come per beccacce o al tavolo da gioco: a ore inconsuete soli o con rari compagni fidati. Occorono fortuna e pazienza, capacità di muoversi in silenzio senza lasciare traccie, giocare, guardinghi spiando controluce, tornare negli angoli segreti del bosco che ci hanno dato piacere e gioia di raccolta.

Il fungo è là, ambiguo fermento di Terra, foglie, rami, mobile si sposta sotto le intemperie della natura, multi forme forse un fantasma del Bosco!

# I peccati di un romagnolo ai fornelli

## Il timballo di melanzane con maionese di pomodoro

*Per 4 persone*
*tempo di preparazione 5 min.*
*Per il timballo:*
*2 uova, 1 dl di latte, 1 dl di panna,*
*20 g di parmigiano grattugiato, 3 piccole melanzane,*
*10 foglie di basilico genovese, 2 pomodori confit,*
*1 piccola cipolla di Tropea, 1 spicchio d'aglio,*
*olio extravergine d'oliva, sale e pepe q.b.*
*Per la maionese di pomodoro:*
*3 pomodori San Marzano maturi,*
*mezza cipolla di Tropea, mezzo spicchio d'aglio,*
*olio extravergine d'oliva, sale e pepe q.b.*

*Per il timballo:*
*Scaldare una padella di rame e far appassire in due cucchiai di olio extravergine la cipolla finemente tritata insieme allo spicchio d'aglio. Prima che prendano colore, unire le melanzane tagliate a dadini dello spessore di circa 2 cm (una brunoise un po' grossa), i pomodori confit (pelati, privati dei semi e dell'acqua di vegetazione e fatti appassire dolcemente in forno a 70° per oltre un'ora) e da ultimo il*

*basilico finemente tritato, cuocere a fuoco moderato per circa tre o quattro minuti, in modo che tutte le verdure restino croccanti e ben separate tra loro, salare, pepare, eliminare lo spicchio d'aglio, togliere dal fuoco e lasciar riposare. Con una frusta rompere le uova in una terrina e amalgamarvi il latte e la panna, salare, pepare e unire il parmigiano, riempire quindi con il composto ottenuto quattro stampi in alluminio poco sopra la metà e unirvi le melanzane ancora tiepide fin quasi al bordo degli stampi. Cuocere in forno preriscaldato a 180° a bagnomaria per 20-25 min., mettendo un foglio di carta da forno o assorbente sotto gli stampini per evitare che l'acqua, bollendo, vi finisca dentro.*

*Per la maionese di pomodoro:*
*Frullare insieme i pomodori già pelati, la cipolla e l'aglio, salare, pepare e quindi passare al setaccio la salsa ottenuta e montarla con l'olio a filo con una frusta finché non si sarà ottenuta una consistenza leggermente spumosa. Sfornare gli stampini, quando si saranno raffreddati, e disporli singolarmente nei piatti, versandovi a cordone la maionese di pomodoro e decorando con qualche fogliolina di basilico fritto e alcune striscioline di pomodori secchi. L'abbinamento di elezione sarà con un Sauvignon dei colli orientali del Friuli che con i propri sentori erbacei e la sua buona acidità richiamerà quanto è nel piatto.*

FEDERICO

Eddy Martinelli

131

# Note

# Dreaming of the Tuscan table

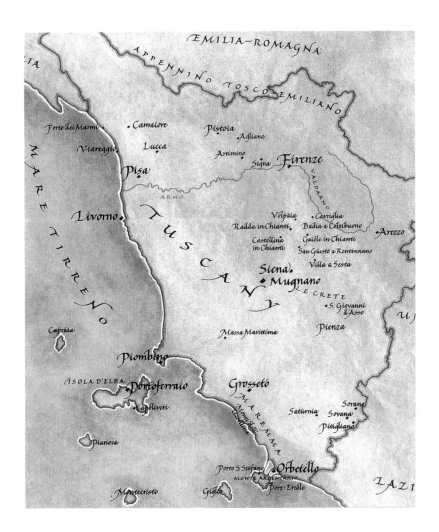

Ogni volta che il mio continuo seguire famiglia, marito, figli, lavoro me lo permette, ne approfitto per passare più tempo possibile nella mia casa a Siena. Non sono in vacanza, però: è un continuo operoso oziare immersa in una atmosfera particolare. La luce per me è vitale, una fonte inesauribile di colori e di ombre che continuamente stimola e ispira.

A Mugnano, così si chiama questo borgo medievale, domino le dolci colline senesi dal vecchio convento diventato, dopo diversi restauri, quasi una dimora inglese. Qui la pace, la tranquillità, le cime degli alberi mosse dal vento, mi fanno ritrovare l'equilibrio, il riposo, la pace nel canto degli uccelli, nel vento che agita i cipressi centenari del mio giardino.

# I piatti della Cucina popolare Italiana

La cassœula di Milano
Le Tagliatelle al ragù di Bologna
La pappa al pomodoro Firenze
I carciofi alla giudea di Roma
Gli agnolotti delle Langhe alle erbe Liguria
Mozzarella in carrozza Campania
Olive ascolane Marche
Orecchiette con Broccoli Puglia
Paste e Fagioli Veneto
Maccheroni con ricotta e salsiccia Calabria
Scaloppe con aceto balsamico Emilia Romagna
Spaghetti con la Bottarga Sardegna
Penne all'arrabbiata Calabria
Cacciucco Toscana
Puntarelle Lazio
Caponata Sicilia
Scampi alla Busara Friuli
Fagioli al Fiasco Toscana
Fondue Valle d'Aosta Piemonte
Pajata Lazio
Pastissada Veneto

# Ribollita Fiorentina

Lessare 400 gr di fagioli bianchi cannellini con salvia, cipolla. Passatene i ¾ e rimettere la purea nel brodo di cottura. Fate un battuto di odori (cipolla, sedano, carote, aglio e rosolate nell'olio con il peperoncino. Unire le verdure (400 gr di cavolo nero, 1 verza, 30 gr di bietola in foglie, 1 patata e 300 gr di pomodori pelati) tagliuzzati; salate e pepate e alla fine, aggiungere i fagioli interi. Unire il pane Toscano raffermo a fettine sottili. Lasciare riposare, indi ribollire per pchè. Aggiungere Olio Extravergine d'Oliva.

# Papa al Pomodoro

Tagliare il pane a fettine sottili e passatele rapidamente sotto l'acqua. Immergere i pomodori pelati accuratamente tagliuzzati in una tegli con olio ed aglio. Unire il pane leggermente strizzato, sale, pepe e 200 gr d'acqua. Cuocete per circa 20 minuti a fuoco lento. A fine cottura mescolando continuamente aggiungere basilico e Olio Extravergine d'oliva.

# Panzanello

Bagnare nell'acqua 100 gr di pane Toscano raffermo – vecchio –, sbucciare ed affettare un cetriolo, una cipolla, un pomodoro maturo. Tagliuzzare 2 acciughe sotto sale. Condire le verdure con abbondante olio d'oliva, sale. Strizzare il pane e sbriciolarlo in una terrina. Unire delicatamente le verdure e lasciarlo riposare in frigo per mezz'ora. Si può fare delle varianti: aggiungendo un peperone, il tonno, le uova, l'aglio o togliendo il cetriolo. Servirlo fresco d'estate!

# Sapori Intensi di salumi e carni

arricchite di aromi, un'eccellente scelta di vini e squisiti dolci Tipici.

I Salumi di cacciagione o dei Tipici maiali di Cinta Senese deliziano il palato, carpaccio di cinghiale, quaglie e pernici, prosciutto di Cinta, mattagliati con spinacci e fegato grasso, sella farcita con purè di mele.

broccoli in fonduta di pecorino Senese con guancia, Tagliata di Chianina, i classici crostini fatti con milza, fegatelli e porcini, risotto Verde all'ortica e spinacci, sformato di pecorino, guanciola di vitello brasato al Chianti Terrina di anatra con fonduta di Pecorino delle Crete Senesi,

spaghetti fatti a mano con crema di ortica e porcini, agnello brasato al miele di castagno e alloro

MIELE

Tutte quelle Sfumature
di Colore, Sapore e Profumo!
L'Italia è un immenso Uliveto, con una
gamma di oli di oliva che variano nel
profumo        e nel Sapore a seconda
del paese di Produzione, nell'ambito della
stessa area, a seconda dei diversi microclimi.
    Tra le specie di olivi più diffusi
    ci sono Leccino, Frantoio,
Pendolino, Moraiolo

    Una volta nella Dita

    si deve assaggiare
    L'Olio Novo.... con
    un po' di pane Tostato e
magari un po' d'aglio!

F rom the deep silence of its beautiful countryside, with shady, cool, clay covered hills, Tuscany offers a sweet, serene vision which induces meditation and the discovery of its infinite changing panoramas and the abundance of their very special flavours.

# Il carisma dell'Olio

Fin dai primi giorni della nostra vita, in qualche modo con l'Olio abbiamo a che fare, anzi, dall'Olio considerato in tutte le sue specialità non ci si libera mai!

L'Olivo pianta mediterranea, è un dono di Minerva, dea della Sapienza, nata dal cervello di Giove. Cicerone e Plinio, contestarono il mito quasi fosse una realtà storica; attribuiscono invece ad Aristeo, figlio di Apollo, la scoperta dell'Olivo e la genialità di estrarre l'olio dai suoi frutti. Olive e vasi, che avevano contenuto olio d'oliva quale offerta votiva per il viatico del defunto e per ricordarne le glorie sono stati reperiti nelle tombe egizie della XXII dinastia.

E la Pace, da millenni, è simbolizzata dal ramoscello d'olivo riportato nell'Arca dalla mitica colomba "Prossiana".

Olio che nel XXI canto del Paradiso di Dante ... come "Liquor d'ulivi", accompagna la contemplazione e ovunque, figuratamente nei paragoni, nelle metafore è simbolo di calma regolarità, assenza di contrasto, silenzio, distensione oltreché di Vittoria e Pace!

# La selvaggina

*Berretta*

Con l'apertura della caccia, cominciano ad apparire sulle nostre tavole pietanze a base di selvaggina. Infiniti e piacevolissimi sono i sapori che la selvaggina può offrire agli amanti della buona tavola, purché sia preparata e cucinata con le dovute regole. A parte i piccoli volatili, squisiti anche se cucinati subito, la selvaggina, sia da piuma che da pelo, richiede un periodo di frollatura che varia secondo la razza, la grossezza e la stagione. La frollatura consiste nel lasciare per alcuni giorni in un luogo fresco, ventilato e non umido la selvaggina, possibilmente appesa con la testa in giù. Mentre si è concordi nel lasciare penne o pelo durante la frollatura, vi sono pareri contrastanti per le interiora: comunque consiglio di asportarle immediatamente e, dopo aver pulito con un telo asciutto la cavità addominale, di introdurvi delle erbe aromatiche.

La selvaggina è uno degli archetipi della cucina mitteleuropea, nobilitata da un'aria mitica e da reminescenze storiche. Non a caso le ricette classiche di cacciaggione si basano su tradizioni che obbligano all'abbinamento con i mirtilli e le bacche di ginepro o al connubio tra capriolo e cavolo.

## Agnello brasato con limoni in conserva

*Per 4 persone*
*1 cucchiaio di olio*
*2 spicchi d'aglio schiacciati*
*1 cucchiaino di semi di cumino*
*6 cipollotti tagliati a metà*
*500 g di agnello tagliato a cubetti*
*2 cucchiai di limoni in conserva spezzettati*
*1/2 tazza di menta tritata*
*4 foglie d'alloro*
*1 bastoncino di cannella*
*3 tazze di brodo di manzo*
*4 piccole melanzane tagliate a fette*
*yogurt*

*Riscaldate l'olio a fuoco medio in una casseruola e rosolatevi l'aglio, i cipollotti e i semi di cumino a fuoco medio, per 4 minuti.*
*Aggiungete l'agnello e fate cuocere per 5 minuti, finché la carne non sarà dorata; unitevi il limone, la menta, l'alloro, la cannella e il brodo. Coprite la casseruola e fate sobbollire per 40 minuti; aggiungete le melanzane e fate cuocere per altri 10 minuti.*
*Per servire, mettete l'agnello in singole ciotole e accompagnate con yogurt e insalata di pomodori.*

## Cinghiale nella selva

*Per 6 persone*
*1,2 kg di carne di cinghiale già spellata e disossata*
*(possibilmente dalla spalla)*
*1 bottiglia di Chianti d'annata*
*1 dl e 1/2 circa di olio d'oliva di frantoio*
*2 cipolle*
*1 kg di castagne fresche sbucciate*
*1 mazzolino di aromi composto da finocchio selvatico, mirto, alloro, rosmarino, menta, dragoncello, qualche bacca di ginepro e alcuni chiodi di garofano, sale e pepe nero macinato al momento, due foglie di alloro e un ramoscello di finocchio selvatico (per le castagne)*

*Marinatura della carne di cinghiale:*
*Tagliate la carne in piccoli cubi del peso di circa 40 g ognuno, sistematela in un recipiente di coccio o di vetro, unite il mazzolino di aromi, la cipolla tagliata a pezzi e versatevi sopra il vino facendo attenzione che la carne sia completamente coperta.*
*Coprite e lasciate marinare per due giorni in frigorifero.*

*Cottura della carne:*
*Scolate la carne della marinata conservando gli aromi e tenendo da parte il liquido. Fate scaldare bene un tegame dal fondo pesante e versatevi l'olio; unite quindi la carne e gli aromi rimasti nel colino dopo averli leggermente infarinati. Fate cuocere per 10 minuti mescolando, poi unite il liquido alla marinata, condite con sale e pepe e fate cuocere, coperto, a fuoco lento, aggiungendo, se necessario, un po' di brodo. Lessate, intanto, anche le castagne in acqua salata, aromatizzata con le foglie di alloro e con il finocchio selvatico, facendo attenzione che non si sfacciano. Scolate bene. Unite un terzo delle castagne alla carne di cinghiale prima che sia arrivata a cottura completa, poi togliete dall'intingolo i pezzi di carne e frullate quanto è rimasto nel tegame. Unite di nuovo la carne e la salsa nel tegame dando un'ultima scaldata.*

*Presentazione:*
*Accomodate la carne con tutta la sua salsa al centro di un piatto di portata caldo e guarnite con le castagne rimaste e foglie di mirto.*

## Per marinare il capriolo

*Disossate la carne e nettatela. Mescolate i vari ingredienti della marinata quindi unitevi i filetti e lasciate a marinare per tutta una notte.*
*Preparazione del fondo di cacciagione:*
*friggete i ritagli della sella in un po' di burro e unitevi la cipolla e la carota tagliate a dadini della marinata. Fate dorare, aggiungetevi la marinata, la purea di pomodoro e il bouquet garni, quindi fate sobbollire per 1 ora in una casseruola senza coperchio schiumando di tanto in tanto. A cottura ultimata, passate il fondo.*
*Cottura dei filetti e preparazione della salsa.*
*Tagliate la sella di capriolo in 8 fette spesse e insaporite con sale e pepe. Rosolate appena le fette in poco burro: all'interno la carne deve restare leggermente rosata.*
*Mescolate il cognac al sugo che si è formato sul fondo della padella*
*Questo sistema di lasciare riposare la cacciagione prima di cucinarla permette alla carne di diventare tenera e di perdere un po' dell'odore di selvatico. Spesso dopo la frollatura si procede, specie per la selvaggina da pelo, alla marinatura, che consiste nel tenere l'animale immerso o parzialmente immerso, per alcune ore e a volte per alcuni giorni, in composto formato generalmente da aceto, vino bianco o rosso e da verdure aromatiche che oltre a conferire alla carne un gradito aroma, ha lo scopo principale di mitigare il caratteristico, forte sapore di selvatico delle carni.*

# Lemon and thyme lamb cutlets

*1 bunch lemon thyme*

*12 lamb cutlets, French trimmed*

*60 ml (1/4 cup) lemon juice*

*60 ml (1/4 cup) olive oil*

*560 g (1 lb 4 oz) kipfler or salad potatoes*

*80 g (3/4 cup) black olives*

*15 g (1/2 cup) chopped flat-leaf (Italian) parsley*

*60 ml (1/4 cup) olive oil*

Put half bunch of lemon thyme into a container and lay the lamb cutlets on top. Cover with the remaining thyme, the lemon juice end the olive oil, making sure the cutlets are well coated in the marinade. Leave the marinade for at least an hour or preferably overnight in the fridge.
Cut the potatoes into a big chunks, put theme in a large saucepan of salted cold water and bring to the boil aver a high heat. When the water has reached boiling point, cover the pan with a lid and remove it from the heat. Leave the potatoes to sit for half an hour. Take the cutlets out of the marinade and barbecue or grill them for 2 to 3 minutes on each side, then allow them to rest. Drain the potatoes and return them to the pan along with the olives, parsley and olive oil, stirring vigorously so that the potatoes are well coated and begin to break up a little. Season to taste. Serve the cutlets with the warm smashed potatoes and a green salad.

# Polenta morbida con agnello al vino

*Per 4 persone*

*4 tazze d'acqua calda*

*1 1/4 tazza di polenta*

*sale e pepe*

*65 g di burro*

*1/2 tazza di parmigiano grattugiato*

*1/2 tazza di mascarpone*

*pepe nero macinato*

*8 costolette d'agnello*

*1/2 tazza di vino rosso*

*1/2 tazza di brodo di manzo*

*2 cucchiai di salsa di mele cotogne*

Per la polenta, versate l'acqua in una casseruola dal fondo pesante e portate a leggerissima ebollizione.
Aggiungete polenta poco per volta, rimestando energicamente per evitare la formazione di grumi.
Riducete la fiamma al minimo e fate cuocere per 40-45

minuti rigirando spesso. La polenta sarà pronta quando, mescolando, si staccherà dalle pareti della pentola.
Aggiungete il sale, il pepe,
il burro, il parmigiano, il mascarpone, e tenete caldo.
Scaldate a fuoco vivace una padella e rosolatevi le costolette, 2 minuti per lato, finché non avranno raggiunto una cottura media; toglietele dalla padella e tenetele in caldo. Versate nel tegame il vino e il brodo, aggiungete la pasta di mele cotogne e fate sobbollire per 5 minuti, fino a quando la salsa si sarà ispessita.
Per servire, distribuite la polenta in singoli piatti da portata, adagiatevi sopra le costolette d'agnello e completate con qualche cucchiaiata di salsa di vino.

# Stufato di cinghiale al cioccolato amaro

*Per 4 persone*

Per la marinata: 1 kg di carré di cinghiale, 1 dl di vino rosso, 50 g di carote, 50 g di cipolle, 50 g di sedano, erbe fresche (salvia, rosmarino), pepe in grani, chiodi di garofano, bacche di ginepro.
Per la salsa: 0,5 l di vino rosso, 0,5 l di brodo di cinghiale, 1 spicchio d'aglio, 1 scalogno, 1 acciuga, 5 g di pepe nero, 1 chiodo di garofano, 1 cucchiaio di zucchero, 35 g di cioccolato fondente, 1 cucchiaio di cacao.
Per la polenta di verdure: 250 g di carote pulite, 0,5 l d'acqua, 35 g di farina di polenta.
Per il risotto: 250 g di riso, 0,5 l di brodo di carne, zafferano a piacere, 50 g di burro, 50 g di parmigiano.
La marinata: pulire il cinghiale e con le ossa fare un brodo ridotto. Mettere a bagno il lombo disossato nel vino con verdure e odori. Marinare per 12 ore.
È possibile tagliare il vino con acqua.
La salsa: ridurre il vino con gli aromi a metà del suo volume e battere con la frusta. Bollire il brodo con il cioccolato e il cacao. Aggiungete al vino e bollire.
Se necessario, passare di nuovo.
La polenta di carote: cuocere le carote con l'acqua.
Frullare e aggiungere a pioggia la farina .
Cuocere fino a densità voluta.
Il risotto: tostare il riso con metà del burro.
Bagnare con il brodo, aggiungere lo zafferano e cuocere per 20 minuti. Condire con burro e parmigiano.
Stendere in una placca a bordo alto. Raffreddare.
Tagliare con una formina rotonda e passare in padella, rosolando. Togliere i cinghiale dalla marinata, asciugare e rosolare. Cuocere in forno per 20 minuti a cottura media.
Tagliare a fette e disporre sul piatto, aggiungere la salsa e guarnire con il tortino di riso e la polenta di carote.

# Stinco d'agnello brasato

*Per 4-6 persone*

*6-8 stinchi d'agnello*

*3 tazze di brodo di manzo*

*1 tazza di vino rosso*

*6 foglie d'alloro*

*4 spicchi d'aglio spellati*

*8 cipolline senza buccia*

*2 rametti di rosmarino*

*3 rametti di maggiorana*

*1 cucchiaio di grani di pepe nero*

Scaldate una padella a fuoco vivo e rosolatevi gli stinchi, 2 minuti per lato, finché saranno ben dorati. Trasferite l'agnello in una teglia e unitevi il brodo, il vino, l'alloro, l'aglio, le cipolle, il rosmarino, la maggiorana e il pepe.
Coprite e infornate a 160° per 2 ore, finché l'agnello non risulterà tenerissimo. Servite con della polenta morbida o del purè di patate all'aglio.

Per l'uomo la cucina è un divertimento e non un dovere;
ci mette più fantasia, sovverte le regole. La cucina all'aperto prevede una capace griglia, fissa o mobile, a legna, e carbonella. I veri cultori della specialità pretendono anche il forno, sempre a legna, dove, oltre al pane, si infornano pizze, focacce, bruschette. Il rito del barbecue prevede tutta una serie di accessori, che non possono assolutamente mancare: dal grembiule antischizzi, ai guanti da forno, i forchettoni, gli spiedini, le griglie doppie grandi e piccole a forma di pesce.

Note

# Il foie gras...

*...al naturale, al torchon, à l'ancienne, tartufato...*
*scoprire il suo colore rosato... lievemente marbré.*
*La sola idea mi rende di buon umore...*
*Recentemente è successo qualcosa di meraviglioso.*
*Durante un viaggio sono stata invitata a una cena dove ne*
*è stata servita una variante: il foie gras fresco all'arancio.*
*Fulminata dalla sua bontà,*
*ho voluto sperimentare la ricetta personalmente in*
*un super tête-à-tête. Risultato straordinario. È vero. Ho*
*voluto onorare questo piatto con un vino meraviglioso il*
*Sauternes. Certo che se tra i Sauternes potete scegliere il*
*Château d'Yquem la serata sarà indimenticabile.*
*Perché lo Château d'Yquem sta alla haute couture,*
*come il Sauternes sta al prêt-à-porter.*
*Ecco la ricetta. Prima di tutto preparare la salsa:*
*mescolare in una casseruola 100 g di zibibbo secco,*
*1 dl di gelatina di ribes,*
*1 dl di vermouth, mezzo cucchiaino da caffè di scorza*
*d'arancia, un pizzico di sale, un pizzico di pepe,*
*2 cucchiaini da caffè di senape forte,*
*1 dl di succo d'arancio.*
*Portate tutto a ebollizione*
*legando leggermente con un po' di maizena.*
*Passiamo ora al fegato. Per 6 persone ci si deve procurare*
*800 g di foie gras d'oca, farne 6 scaloppe e infarinare*
*leggermente, cuocerle al burro*
*per circa 10 minuti circa in una padella calda.*
*Le scaloppe vanno servite su un piatto caldo*
*accompagnate da fettine di mele che avrete*
*ripassato in padella con del burro e del purè di sedano.*
*Naturalmente il tutto sarà poi ricoperto*
*dalla salsa all'uva e all'arancio...*
WILMA SARKI

# Fricassée di aragosta al Sauternes

*Per 4 persone*
*2 aragoste vive di circa 600 g l'una*
*e preferibilmente femmine*
*4 pomodori maturi*
*120 g di burro ammorbidito*
*1 carota tritata finemente*
*1/2 cipolla tritata finemente*
*1 dl di vino bianco secco*
*1 dl di Sauternes*
*1 dl di brodo di pesce ristretto*
*3 dl di panna intera*
*sale e pepe bianco macinato al momento*
*1/4 di un mazzetto di erba cipollina tritata fine*
*Scottate i pomodori in acqua bollente per pochi secondi,*
*spellateli, eliminate i semi e tagliateli dadini.*
*Cottura delle aragoste:*
*gettate le aragoste in una pentola piena d'acqua bollente e*
*fatele cuocere per 4 minuti, poi raffreddatele*
*immediatamente sotto un getto d'acqua fredda.*
*Tirate via le chele, frantumatele con un colpo deciso ed*
*estraetene la polpa in grossi pezzi. Aprite la coda dalla*
*parte del ventre e tirate via la polpa in un sol pezzo (poi*
*la taglierete a fette). Mettete da parte*
*le uova che si trovano tra le zampe posteriori*
*e le pinne della coda. Dividete in due lo stomaco,*
*ma mettete da parte il fegato ed eventuali altre uova.*
*Schiacciate il fegato e le uova con metà del burro*
*così da ottenere una pasta omogenea.*
*Preparazione della salsa Sauternes:*
*frantumate i gusci delle aragoste. Scaldate,*
*in un tegame, il resto del burro, e unitevi, mescolando, i*
*frantumi dei gusci. Unite anche la carota e la cipolla e*
*friggete a fuoco non troppo alto. Versatevi 2/3 del brodo di*
*pesce ristretto e lasciate cuocere per 20 minuti. Passate il*
*liquido attraverso un setaccio in un altro tegame e fate*
*bollire finché il volume si sarà ridotto a 3 dl. Aggiungete la*
*panna e fate bollire ancora fino a ridurre il volume a 1/3.*
*mescolatevi la pasta di burro, fegato e uova e condite a*
*gusto con sale e pepe bianco. Riscaldate i pezzi delle due*
*aragoste in questa salsa.*
*Presentazione:*
*sistemate i pezzi di aragosta su 4 piatti caldi*
*e copriteli con la salsa. Decorate*
*con i dadini di pomodoro e l'erba cipollina tritata.*
*Vino suggerito: un vino bianco e secco di Sancerre;*
*sono vini che, quando arrivano a maturazione,*
*hanno un gusto ben pronunciato.*

*Nota: Le aragoste in questa ricetta possono essere sostituite*
*con dei grossi scampi. Questi sono molto usati in vari Paesi*
*europei e addirittura vengono preferiti alle aragoste perché*
*la loro polpa può essere estratta con molta più facilità.*

# Albicocche al Sauternes

*Per 4 persone*
*12 albicocche*
*1/4 di tazza di zucchero*
*1/3 di tazza d'acqua*
*1 1/2 tazza di sauternes o di vino dolce*
*1 baccello di vaniglia*
*Tuffate le albicocche in una ciotola piena*
*d'acqua bollente e lasciatele riposare per 4 minuti.*
*Sgocciolatele delicatamente e sbucciatele. Versate l'acqua e*
*lo zucchero in una casseruola e fate sciogliere lo zucchero*
*mescolando a fuoco lento. Lasciate sobbollire lo sciroppo*
*per qualche secondo, poi unitevi il Sauternes e il baccello di*
*vaniglia. Continuate a sobbollire 1 o 2 minuti, quindi*
*aggiungete le albicocche e lasciatele cuocere*
*per altri 3-5 minuti, o finché saranno morbide.*
*Servite con dei biscotti al miele.*

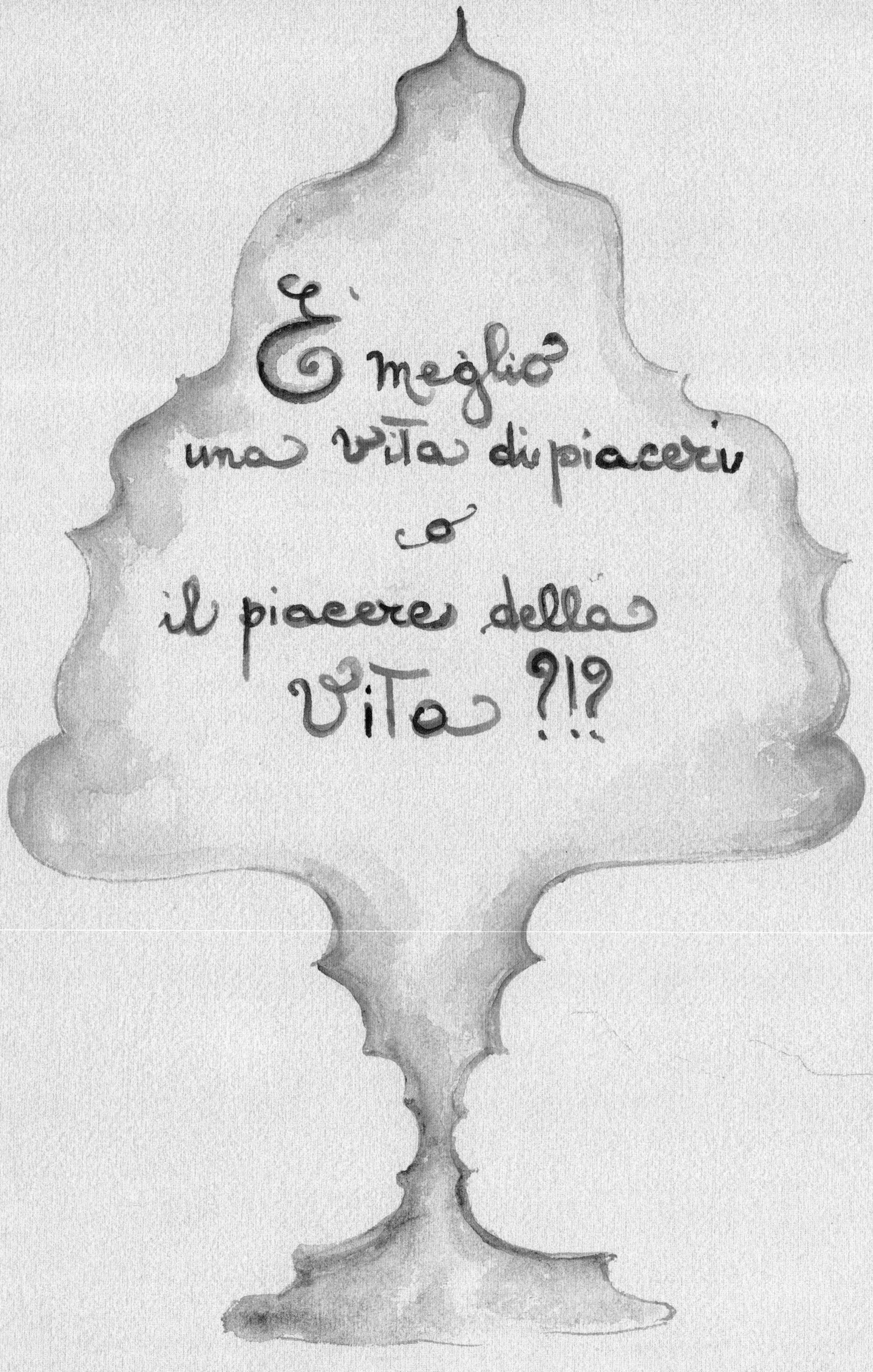

È meglio
una vita di piaceri
o
il piacere della
vita ?!?

Savoir :
faire le jeu de
l'oie

# Foie gras

Qu'on l'achète frais ou en
conserve, il est conseillé de porter
son choix sur l'oie. Plus cher
au départ, il l'est moins à l'arrivée

dans la mesure où le foie gras d'oie rend moins
de graisse que le foie de canard.
Quand on le fait soi-même, on
doit commencer par le laisser
tremper quelques heures dans
de l'eau à température ambiante,
ce qui facilite le dénervage.

LE FOIE GRAS DOIT ÊTRE BIEN
SALÉ MAIS AUSSI SUCRÉ, À RAISON
D'UNE BONNE CUILLERÉE À CAFÉ
DE SUCRE SEMOULE PAR FG.
LE BUT DE CETTE PRÉCAUTION EST
DE CONSERVER AU FOIE SA COULEUR.
SINON IL NOIRCIT.

Enfin le foie gras
est le seul pâté que
l'on sert froid.

Tout les autres doivent être
apportés sur la table à température.

Carlos.
Gennaro
1.98

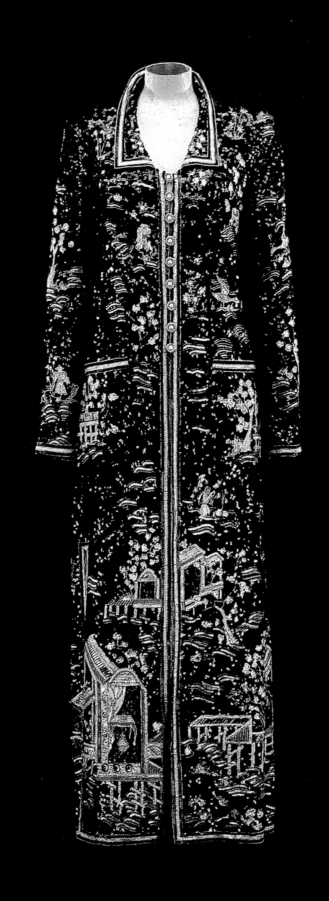

魚　fish

豬肉　pork

雞肉　chicken

鴨肉　duck

蝦　shrimp

牛肉　beef

龍蝦　lobster

菜蔬　vegetable

民以食為天

people regard food as
important as the sky

George Wong

An enormous Country, with a large Population
To feed, and a diverse geography and climate,
china has one of the great cuisines of the world,
and eating plays a major role in daily life
and study and festivities.

When people overseas refer To Chinese
cuisine as one of the greatest in the world
They are referring To Cantonese food.

# World Cuisine

## Girare il mondo alla ricerca del pasto perfetto

La Tradizione orale è stata sostituita dalla Volontà di sperimentare sempre nuovi orizzonti, La Torta della nonna è insieme agli accostamenti fusion, colti al Solo nel Locale Trendy di Hong Kong e ...fuori di menu nei Locali di Tutto il mondo...

Mi piace il nuovo modo di gustare il cibo. Una fusione fra Occidente ed Oriente con un'attenzione alla cucina e alla Cultura che sono ormai senza Confini. Una combinazione di piatti Etnici con Ingredienti del nostro paese, ma uno sguardo attento ai diversi Orizzonti!

# Lo Zafferano

Afrodisiaco forse, di sicuro portafortuna in amore: sarà per il bel colore dorato che dava a sete e lini, sarà per il profumo stuzzicante, ma lo zafferano – in tintoria e in cucina – è stato sempre ben considerato: nell'antica Persia e in Oriente, da dove proviene, e poi presso egiziani, greci e romani. Di sicuro il suo percorso verso l'Europa è stato quello di altri beni di lusso che arrivavano con le carovane: sete, gemme, spezie e profumi destinati a tutto il bacino del Mediterraneo. In Europa il primo paese a coltivarlo (e farne un monopolio già nel Medioevo) è stata la Spagna. Guai a esportare i suoi bulbi! Perché è da un fiore che si ricava: il Crocus sativus, lontano parente del giaggiolo, e più pericolosamente del colchico, che gli assomiglia moltissimo, fiorisce nello steso periodo ma è però velenoso. Ma c'è il trucco per riconoscerlo: il fiore "buono" ha solo tre stigmi, mentre il colchico ne possiede fino a sette. Ed è dagli stigmi, raccolti all'alba e separati dalle corolle, che si ottiene la spezia pura. E costosissima: per intenderci, ci vogliono circa 100.000 stigmi per ottenere un chilo di zafferano. Da noi viene prodotto in Abruzzo, a Navelli (dove lo trafugò un domenicano dalla Spagna), in Sardegna, Sicilia e Toscana. La spezia oltre il risotto: ricchissimo di carotenoidi, antiossidanti, di vitamine B5 e B2, lo zafferano a tavola si accompagna bene con il pesce e i crostacei, ma anche con le verdure, il pollo, il maialino, il coniglio. I pasticceri più originali lo utilizzano per creme dallo splendore rinascimentale. Il suo debutto nella cucina moderna? Secondo la leggenda avvenne al pranzo di nozze della figlia di un artista che lavorava alle vetrate del Duomo di Milano: il colorante professionale finì – per sbaglio o per scherzo – nel riso al burro. Il resto è storia.

*Lo zafferano un tempo veniva utilizzato per preparare i filtri d'amore e il velo delle spose romane più ricche era tinto di rosso aranciato con questa spezia.*

## Crostatina tiepida allo zafferano

200 g di pasta frolla

50 g di farina di nocciole

2 kg di pere

10 g di pistilli di zafferano

*Per la crema pasticcera:*

500 g di latte

2 cucchiai di panna

1 stecca di vaniglia

4 tuorli, 50 g di zucchero

5 cucchiai di farina

vaniglina, 50 g di zafferano in polvere.

Impastare la frolla con la farina di nocciole, lavorandola velocemente con le mani ben fredde per evitare che si scaldi. Foderare con la frolla 10 stampini da tartelétta e cuocere in forno caldo a 180° per circa 15 minuti. Togliere dal forno e lasciare raffreddare.

Sbucciare le pere, privandole del torsolo e afferrarle nel senso della lunghezza.

Far scaldare il latte e la panna con la stecca di vaniglia. Sbattere i tuorli insieme allo zucchero, alla farina e a un pizzico di vaniglina.

Togliere la stecca di vaniglia dal latte, aggiungere il composto a base di uova e far addensare su fuoco basso, zafferano in polvere. Distribuire su ogni base di pasta frolla un paio di cucchiai di crema pasticciera.

Adagiarvi sopra le fettine di pera, disponendole a raggiera. Decorare ogni crostatina con i pistilli di zafferano e servire.

# Risotto allo Zafferano e polvere di Liquirizia

Tritare bene un po' di cipolla e appassirla nell'olio, unire il riso, Tostarlo mescolando, aggiungere un po' di vino, ½ cucchiaino di Zafferano con un po' di     brodo bollente.

Portare a termine il risotto unendo altro brodo bollente. Levare dal fuoco, aggiungere burro a pezzetti, molto parmigiano grattugiato, mescolare bene! Servire il risotto ben allargato sui piatti, cospargere con polvere di liquirizia e con qualche goccia di brodo avanzato fatto restringere su fuoco basso con un po di Zafferano

## Noodles shangai saltati con verdure

*Per 4 persone*

*500 g di noodles shangai freschi*

*2 cucchiaini di olio di semi di sesamo*

*1 cucchiaio di olio d'oliva*

*4 scalogni tagliati a pezzetti*

*1/2 cavolo cinese sminuzzato*

*1 petto di pollo tagliato a cubetti*

*250 g di lonza di maiale magra tagliata a tocchetti*

*150 g di bok choy a pezzetti*

*3 cucchiai di salsa di soia*

*1 cucchiaio di salsa hoishin*

*Lessate i tagliolini per 5 minuti in una casseruola, scolateli e passateli sotto l'acqua fredda. Scaldate i due tipi di olio in un wok e rosolatevi gli scalogni per un minuto, unitevi i tagliolini e saltate il tutto per 4 minuti. Aggiungete gli altri ingredienti e proseguite la cottura al salto per 5-7 minuti circa.*

*Servite con salsa al peperoncino.*

## Noodles all'uovo con maiale cinese alla griglia

*Per 4 persone*

*350 g di noodles all'uovo freschi (o 200 g secchi)*

*1 cucchiaio di olio di semi di sesamo*

*2 cipolle tagliate a pezzetti*

*1 peperone verde tagliato a striscioline*

*200 g di bok choy*

*350 g di maiale cinese alla griglia tagliato a fettine*

*3 cucchiai di salsa di soia scura*

*2 cucchiai di vino bianco dolce*

*1/4 tazza di brodo di pollo*

*salsa chili*

*Preparate i noodles scome indicato nella ricetta precedente. Riscaldate l'uovo in un wok o in una padella e fatevi imbiondire le cipolle a fuoco vivo per 2 minuti. Aggiungete i noodles, la salsa di soia, il vino e il brodo e fate cuocere per 4 minuti.*

*Servite in profonde scodelle con la salsa chili a parte.*

## Verdure cinesi in salsa d'ostriche

*Per 4 persone*

*250 di broccoli cinesi (gai larn)*

*150 di choy sum*

*salsa*

*2 cucchiaini di olio di semi sesamo*

*1 cucchiaino di zenzero grattugiato*

*3 cucchiai di salsa di ostriche*

*3 cucchiai di brodo di pollo*

*1 cucchiaio di salsa di soia*

*2 cucchiaini di zucchero*

*Tagliate i broccoli e il choy sum a pezzetti, scottateli per 30 secondi in acqua bollente e scolate. Riscaldate l'olio in un wok e saltatevi a fuoco vivo lo zenzero per 1 minuto. Unite gli altri ingredienti della salsa e fate cuocere per 2 minuti. Aggiungete le verdure, mescolate e proseguite la cottura ancora per 1 minuto, affinché le verdure si riscaldino e si insaporiscano.*

*Servite immediatamente.*

# L'arte del taglio delle carni

## Un bravo chef sa che tagliare in modo corretto la carne è importante quanto cucinarla. L'arte del taglio è una disciplina indispensabile nell'educazione del cuoco cinese.

Nella cultura cinese la preparazione del cibo è, da sempre, considerata un'arte e il taglio delle carni una delle sue espressioni più spettacolari e fondamentali. Il poeta Tu Fu, che visse tra il 712 e il 770, ai tempi della dinastia Tang, era un raffinato uomo di lettere oltre che un profondo conoscitore della cucina cinese. Nei suoi versi accennò spesso alla neve e alla brina, senza per questo alludere ai fiocchi di ghiaccio che imbiancano la Grande Muraglia durante i rigidi inverni della Cina settentrionale. Si riferiva invece alle tecniche sofisticate dei cuochi dell'imperatore, e di quei maestri dell'arte del taglio che riuscivano a trasformare carni e pesci in fili scintillanti e impalpabili che scivolavano sui taglieri come se fossero fiocchi di neve. Ma la ricercatezza della cucina cinese risale a molto tempo prima. Appartiene infatti alla dinastia Shang, che regnò dal XVIII al XII secolo a. C., il manuale *Come conservare il proprio coltello*, un trattato sull'arte del taglio della carne bovina in relazione alla sua anatomia. Il libro fu presentato all'imperatore da un cuoco di grande esperienza che fece questa breve ma efficace introduzione: un buon macellaio conserva il suo coltello per non più di dieci anni perché, quando taglia, spezza pure gli ossi. Un macellaio esperto lo fa durare vent'anni perché si ferma al muscolo. Ma al migliore dei macellai il coltello dura tutta la vita perché egli conosce così bene l'anatomia dell'animale da riuscire a incidere la carne senza intaccare i muscoli. L'arte del taglio è ancora oggi una disciplina di importanza fondamentale nell'educazione del cuoco cinese. Si dice che l'uso di un coltello ben affilato e la scelta dell'angolo di incisione influiscano moltissimo sul sapore e sulla morbidezza della carne perché le permettono di assorbire gli aromi della marinature oltre che dei condimenti. Nonostante la globalizzazione, oggi il taglio delle carni si distingue non solo da quello in voga nei secoli precedenti, ma segue ancora tradizioni diverse nelle diverse cucine. Dopo la rivoluzione industriale, la cultura Occidentale cominciò ad avere uno strano rapporto con la carne. Questo a causa della diffusione dei supermercati dove la polpa di qualsiasi animale commestibile è esposta sottovuoto che in nulla ricordano la violenza della macellazione, e a causa dell'abitudine a mangiare nei fast food dove pollo o manzo sono serviti tritati fra due fette di pane. È invece interessante notare il comportamento divertito dei cuochi occidentali quando visitano i mercati galleggianti di Hong Kong, dove pesce e pollame vengono venduti vivi. La cultura gastronomica cinese apprezza molto le ricette che prevedono la cottura dell'animale intero, simbolo del ciclo della vita, del suo principio e della sua fine. Alcuni piatti, però, come il piccione fritto, prevedono che la testa venga prima eliminata e poi, al momento della presentazione, adagiata sul vassoio in quella che dovrebbe essere la sua posizione naturale, a testimonianza della qualità dell'animale e della serietà del cuoco. L'arte del taglio, cioè l'individuazione del punto preciso in cui incidere, dipende dal tipo di carne che si vuol preparare e dal tipo di cottura prescelta. Il cuoco cinese sa per certo che una cottura lenta rende la carne più gustosa intorno all'osso. Il cuoco cinese non elimina la pelle – che il consumatore post-moderno non ha ancora esorcizzato a causa dell'alto contenuto di grasso – non solo perché è gustosa, ma anche perché esalta il sapore e la compattezza della polpa. Inoltre il cuoco cinese sa che, affinché sia tenera e saporita, la carne va tagliata a fettine sottili, cucinata solo qualche minuto e a fiamma molto alta nel wok – la tradizionale pentola cinese semicircolare – e mangiata altrettanto in fretta. Questa è una della ragioni per cui in Cina si usa consumare preparazioni simili direttamente dal vassoio sul quale sono servite, piuttosto che versarne il contenuto nei piatti individuali. I suggerimenti dell'antico trattato non si fermano qui perché il coltello è lo strumento su cui converge l'attenzione di ogni cuoco che si rispetti. Il manuale insiste su alcuni punti. Uno: affilare le lame di ferro tutti i giorni. Due: lasciare intiepidire la carne se il menù prevede che sia cucinata in un pezzo unico. Tre: affettare la lonza di maiale in senso orizzontale per evitare che si sfaldi. Quattro: incidere il muscolo del manzo prima della cottura per evitare la contrazione della polpa. Forse, più che il coltello, sono le sue caratteristiche a giocare un ruolo fondamentale. Per esempio, non si porta in tavola l'oca alla cantonese se non accompagnata da un coltello molto robusto, una sorta di accetta che riesca a tagliare simultaneamente pelle, carne e ossa, e che i cinesi utilizzano anche quando devono schiacciare l'aglio, pulire il pesce, o magari, tagliare la legna. Mentre la pelle dell'anatra alla pechinese merita un coltello più sottile per non rovinare quella che i cinesi considerano una vera prelibatezza. Con la carne e le ossa dell'anatra si prepara una zuppa che accompagna piccoli pancake – sorta di morbide schiacciatine – da intingere nella salsa di prugne. La festa continua.

# Choisir la combination

L'équipement dont vous aurez besoin pour des plats exotiques est simple et peu coûteux, bien que certains ustensiles ne nous soient pas très familiers. Mais ils sont utilisés depuis des siècles, avec la plus grande efficacité. Il ne vous en faudra généralement que quelques-uns pour préparer la plupart des ingrédients. Bien que le mot wok s'applique à la poêle typiquement chinoise, la plupart des cuisiniers asiatiques s'en servent, sous une autre. Le wok et ses cousins ont une forme de bol très évasé, de grande circonférence et à bords légèrement inclinés. Certains d'entre eux ont de larges poignées en métal ou en bois, ou un long manche simple, ou les deux. Les woks traditionnelles ont un fond bombé, conçu pour être posé directement sur le feu, mais des modèles à fond plat pour les plaques électriques sont maintenant disponibles. Un diamètre de 35 cm est idéal – assez grand pour la plupart des recettes mais pas trop pour rester maniable et ne pas occuper toute la surface de cuisson. La fonte d'aluminium est le matériau le moins cher et peut-être le meilleur pour les woks, parce qu'elle est suffisamment lourde pour que les ingrédients n'y brûlent pas, mais assez légère pour être maniée facilement. La fonte est elle aussi parfaite, car elle conduit très bien la chaleur. Dans un cas comme dans l'autre, le wok acquiert à l'usage une patine qui lui évite de coller. Ne le choisissez pas à revêtement antiadhésif, car il n'atteindra jamais la température requise pour que les aliments y dorent correctement. Après la cuisson, essuyez-le, rincez-le sous l'eau chaude et séchez-le bien. Avant de l'utiliser pour la première fois, nettoyez-le à grande eau, puis chauffez-le directement sur feu vif jusqu'à ce qu'il soit très chaud. Avec du papier absorbant, badigeonnez tout l'intérieur avec de l'huile de maïs ou arachide. Elle va bientôt fumer et le centre du wok noircir. Retirez du feu, essuyez l'excès d'huile et laissez refroidir au moins dix minutes. Recommencez. Quand ils ont découvert le wok, de nombreux cuisiniers en deviennent de fervents adeptes, abandonnant à son profit leurs casseroles, leur poêles et leurs cocottes. Il est en effet parfait pour faire sauter rapidement les ingrédients – son vaste fond et ses bords incurvés chauffent rapidement et uniformément, et ils y cuisent régulièrement. Sa grande capacité permet la friture, la cuisson à la vapeur ou à l'eau bouillante, bien que vous deviez alors veiller à sa stabilité, surtout si vous le poserez, est très utile. Des couperets de toutes tailles sont toujours présents dans les cuisines exotiques. Leur large lame fixée sur un fort manche en bois permet de tout faire, aussi bien de débiter des os que de dénerver des crevettes. Vous pouvez utiliser le bout du manche comme un pilon, notamment pour écraser et réduire en poudre des épices. Les Japonais, eux, préfèrent les couteaux à lame fine, comparables à nos couteaux chef ou nos couteaux à désosser. Chez vous, vous vous servirez indifféremment d'un couperet ou d'un couteau chef: l'essentiel est que vous le teniez bien en main, de façon agréable et sûre. Comme les autres couteaux, le couperet doit être lavé et rangé soigneusement, et aiguisé régulièrement : en Asie, on passe le tranchant sur le fond non verni d'un bol en terre cuite. Un mortier et un pilon lourd sont utiles pour préparer les pâtes d'épices des cuisines indonésienne et orientale, et pour écraser les noix, les graines et les épices entières. Vous les remplacerez éventuellement par un robot ménager ou un mixeur électrique. Symbole de la cuisine asiatique, les baguettes permettent de prendre facilement les ingrédients aussi bien quand vous les préparez que quand vous les mangez. Gardez toujours à portée de main une paire de baguettes en bambou pour remuer, aérer le riz, séparer les pâtes pour qu'elles ne collent pas, et retourner ou sortir les ingrédients. Choisissez-les plus grandes et plus résistantes pour la friture: elles garderont vos mains éloignées de l'huile brûlante. Vous aurez besoin pour certaines recettes d'ustensiles très particuliers, typiquement exotiques, mais dans la plupart des cas, vous trouverez sur vos étagères leurs équivalents occidentaux.

De riz, de pâtes et de légumes. En fait, le riz est si important que, dans certaines langues, le mot qui désigne la nourriture en général est le même que celui qualifie le riz, tandis que dans d'autres elle est baptisée d'un terme que signifie "avec le riz". Il en existe de nombreuses variétés. La plupart de ces recettes utilisent du riz grains longs, tendre et aérien, avec des grains bien séparés. Le riz à grains courts est cuit à l'eau, puis mélangé avec du vinaigre de vin sucré, et éventé pour le rendre brillant et légèrement collant, pour réaliser des sushis, par exemple. Le riz gluant peut être à grains longs ou a grains courts; il est enrichi de noix de coco crémeuse et de sucre dans la recette thaïe du Riz gluant aux mangues.

Les pâtes sont souvent présentes dans les plats asiatiques, comme ingrédient principal ou d'accompagnement. Elles sont préparées à partir de farine de froment, de riz ou de blé noir, de pommes de terre, soja, et même d'igname. Dans les Pâtes de riz sautées, elles compensent par leur moelleux les saveurs relevées des saucisses chinoises et des piments. Les vermicelles de soja, préparés avec de la farine de soja, se marient bien avec les légumes frais et séchés du Délices de Bouddha, et les shiratakis – poétiquement appelées "cascade blanche" – traditionnellement partie de la Fondue japonaise. La saveur caractéristique de la cuisine asiatique tient à la subtile association des divers aromates, de sorte qu'aucun d'entre eux ne prédomine, mais que chacun contribue de façon parfaitement équilibrée au goût général. De nombreux plats tirent leur saveur salée essentiellement de deux ingrédients qui remplacent le sel à la cuisine et sur la table. La sauce soja est sans doute la plus connue en Occident, mais la sauce de poisson, appelé nam pla, nouc mam ou patis, plus parfumée et fortement relevée, est largement utilisée dans tous le pays orientaux. Quelques gouttes suffisent à donner un goût sucré-salé très particulier aux plats cuisinés ou aux sauces, comme celles dans lesquelles on trempe de nombreuses préparations vietnamiennes. Les crevettes séchées et les haricot noirs fermentés permettent aussi de saler le plats. L'huile de sésame, préparée à partir de graines de sésame grillées, est utilisée comme aromate, et non pour la cuisson, tandis que les graines de sésame et les noix, comme les cacahuètes et les noix de macadamia, enrichissent certaines pâtes ou viennent apporter leur croquant. Pour la cuisson, on choisit des huiles au goût neutre et qui supportent les très hautes températures. L'huile d'arachide est celle que préfèrent les cuisiniers asiatiques; mais vous pouvez aussi choisir de l'huile de soja, de tournesol ou de colza. Le gingembre et une autre racine comparable, le galanga, apportent à de nombreux plats leur piquant, et les piments leur chaleur. L'ail et les membres de la famille de l'oignon sont omniprésent, et la citronnelle, avec son arôme fortement citronné, relève souvent les mets d'une pointe d'acidité. La diversité des plats asiatiques est immense, mais ils sont en général faciles et rapides à préparer. Le mode de cuisson le plus usité en Asie est la friture rapide – qui conserve aux produits leur fraîche saveur, leur couleur et leur consistance. Commencez par chauffer le wok, puis versez-y de l'huile pour graisser le fond et les côtés. Continuez à chauffer quelques seconds, jusqu'à ce que l'huile soit chaude, ce qui évitera aux ingrédients de coller et leur permettra de dorer correctement. Mettez-les toujours dans le wok selon un ordre précis: d'abord les aromates (ail, racine de gingembre, oignons nouveaux), puis les aliments qui cuisent assez longtemps (légumes fermes ou viande), enfin ceux qui s'attendrissent plus vite. Mélangez-les aussitôt et remuez-les avec une spatule, en les répartissant sur toute la surface du wok. Sachez que la chaleur est légèrement plus forte au centre que sur le côtés. On ajoute souvent du liquide en fin de cuisson, généralement un mélange de sauce soja, de bouillon de volaille et de sauce de poisson, avec un peu de fécule de maïs pour épaissir la sauce et glacer les ingrédients. La cuisson à la vapeur est aussi largement répandue, et les préoccupation diététiques actuelles lui accordent une place toujours plus grande. Les poisson entiers s'en accommodent très bien, tout comme les petits plats, tels que les Bouchées à la vapeur ou les Croissants farcis. Même le riz peut être de cette façon, dans un panier à la claie en bambou chemisé de mousseline humide. Les conserves piquantes sont connues depuis des siècles pour garder les aliments sous les climats chauds de l'Asie. Cet ouvrage vous propose une technique : dans les Légumes piquants sautés, plusieurs légumes sont d'abord blanchis, puis enrobés dans une sauce aigre-douce à la noix de macadamia. On trouve au Moyen-Orient d'autres manières de préparer les aliments. Par exemple, la cuisson du poulet dans une tajine est typique du Nord de l'Afrique. Les grillades de viande, sous forme de boulettes assemblées en brochettes notamment, sont aussi une spécialité orientale. Il s'agit souvent d'agneau, mariné dans un mélange d'épices. Certaines préparations asiatiques sont très peu cuites, ou pas de tout, ce qui met en valeur toutes les saveurs naturelles des ingrédients. Dans les sushis, des lanières de thon frais cru et de concombre sont posées sur un lit de riz et d'algues grillées, tandis que dans les Rouleaux de printemps, de crevettes cuites et du porc sont mélangés à des légumes crus croquants et à des herbes, puis roulés dans des feuilles de papier de riz ramollies.

# des éléments essentiels

È questo un metodo di cottura facile e rapido, che consiste nel saltare velocemente in padella le verdure, così da renderle croccanti e dorate all'esterno e quasi crude all'interno. Il segreto sta nel riscaldare bene la padella o il wok e nel ridurre gli ortaggi in pezzetti di uguali dimensioni, affinché cuociano in modo uniforme. Le verdure ricche di amido non sono molto adatte a questo tipo di cottura. Condite o aromatizzate le verdure all'orientale poco prima della fine della cottura. Per prepararle, saltatele in una piccola quantità di olio di semi di sesamo per non più di 3-5 minuti. Completate con uno spruzzo di limone e una spolverata di pepe nero e servite immediatamente.

"È uomo veramente grande solo colui che ha saputo conservare il suo cuore di bambino" dice un proverbio cinese.

Deve essere per questo che in Cina c'è grande amore per le fiabe antiche, per i racconti jgolari che permettono di conservare il cuore e l'animo infantile.

"La Cina non è la luna" aveva scritto Cesare Brandi, ma è qualcosa di lontano come la luna che però si vede, nelle notti serene, distinta e nitida, ma come assente.

La Cina sta in un Tempo perduto, che si trova nel nostro come una specie

Viva, estante, Giovanissima!

# Sushi…

Affrontare ricette, quasi si trattasse di un rito sacro: mentre si prepara il sushi, non si devono indossare braccialetti, orologi o occhiali.

Bisogna essere concentrati. Dalla scelta del pesce dipende la riuscita del sushi, pesce che deve essere di acqua salata (meglio il tonno del salmone), deve essere assolutamente fresco (occhio chiaro, privo di odore). Bisogna avere l'apposito coltello: lo yanagi, l'unico in grado di tagliare in diagonale, con movimento dall'alto in basso e verso il proprio corpo, finissime fettine prese dal filetto del pesce.

Quindi, lasciar macerare al punto giusto il reso di grana di fecola bollito dall'aceto.

Infine, e qui viene il difficile, con le mani ben asciutte rollare le striscioline di pesce intorno ai cilindretti di reso nel tappetino di bambù.

# o si ama o si odia

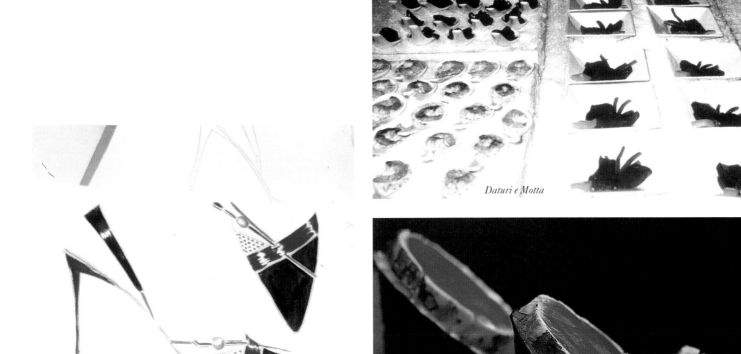

*Daturi e Motta*

## Matrimonio a Casablanca, Marocco

Se la famiglia che riceve ha ingaggiato Aicha Takanani, il successo è assicurato. Il passaparola negli entourages altolocati garantisce che non si sbagli una harira, la zuppa di ceci tradizionale. Per questo è una delle tebbakha (cuoche) più famose del suo paese. Qui cucinano le donne, e la tebbakha è da sempre una figura poco in vista, che tiene però viva una tradizione gastronomica tra le più ricche del mondo. E la sua presenza definisce il confine tra una festa leggendaria e una non riuscita. "Si prenota la tebbakha per organizzare i banchetti di matrimonio o per qualsiasi altro avvenimento importante, perché aggiudicarsi la migliore è motivo di prestigio per la famiglia che riceve", spiega Turia Agurram, autrice di libri di ricette marocchine, come *La cuisine de mère en fille*. Ognuna ha il suo stile, crea le "sue" tajine e le "sue" zuppe. "La tebbakha si siede a terra a tagliare le verdure o a preparare il cuscus per la cottura al vapore come si faceva una volta; ma può essere una donna d'affari, e dirigere un'azienda sua di catering, oppure una dada, una tata a servizio che insegna alle bambine della famiglia come preparare i pasti".

## Pastilla di piccione

*Per 8 persone*

*Sfoglia: 30 fogli di ouarka,*
*150 g di burro fuso, 1 tuorlo*
*Farcitura: 6 piccioni teneri,*
*4 mazzetti di prezzemolo piatto,*
*3 cucchiai di olio, 4 cipolle grosse,*
*2 mazzetti di coriandolo fresco,*
*1 cucchiaino di sale, 1 cucchiaino di zucchero,*
*1/2 cucchiaino di pepe, 1/2 cucchiaino di*
*gomma arabica macinata, 1/4 di cucchiaino di*
*noce moscata, 1/4 di cucchiaino di zenzero,*
*1/4 di cucchiaino di stimmi di zafferano,*
*10 uova, 1/4 di cucchiaino di cannella*
*Pasta di mandorle: 40 g di mandorle,*
*2 cucchiai d'olio per friggere le mandorle,*
*100 g di zucchero, 1/2 cucchiaino di cannella*
*macinata, 1 cucchiaio di acqua di fiori*
*d'arancio ouarka con fogli di brick.*

*In un tegame versate l'olio, le cipolle tagliate a*
*fettine sottili, il coriandolo e il prezzemolo*
*tritati, il sale, lo zucchero, le spezie.*
*Adagiatevi i piccioni interi e fate rosolare a*
*fuoco vivo. Bagnate le cipolle con 1 bicchiere*
*d'acqua. Al primo bollore abbassate il fuoco,*
*coprite e lasciate cuocere*
*a fuoco lento per 10 minuti.*
*Togliete i piccioni e proseguite la cottura*
*per 20 minuti. Dissodate i piccioni*
*mantenendo intere le ali. Rompete le uova*
*e incorporatele al fondo di cottura,*
*mescolando accuratamente a fuoco lento.*
*Togliete dal fuoco. Sbucciate le mandorle,*
*asciugatele e fatele friggere nell'olio. Passatele*
*nel tritatutto. Versatele in un'insalatiera e*
*aggiungetevi lo zucchero, la cannella e 1*
*cucchiaio d'acqua di fiori d'arancio.*
*Sovrapponete 3 o 4 fogli di ouarka imburrati*
*al centro di uno stampo rotondo bene*
*imburrato. Formate una corolla tutto intorno*
*per guarnire il fondo. Non dimenticate di*
*spennellare ogni foglio di ouarka di burro*
*fuso. Adagiate sul fondo 1 strato di pasta di*
*mandorle, 1 strato di sfoglia imburrata,*
*poi 1 strato di farcia di piccione e così di*
*seguito alternando gli strati fino a esaurimento*
*degli ingredienti. Richiudete bene la pastilla*
*sui bordi. Utilizzate il tuorlo*
*per incollare la sfoglia.*

*Cuocete in forno a 220° per 20 minuti.*
*Disponete la pastilla su un piatto di ceramica*
*con 100 g di zucchero a velo e*
*1 cucchiaino di cannella.*
FATEMA HAL

## Polpette con cuscus

*Per 20 persone*
*Fate rinvenire 750 g di semola per cuscus*
*seguendo le istruzioni*
*riportate sulla confezione.*
*In una capace terrina impastate*
*600 g di polpa di vitello macinata,*
*600 g di polpa di pollo o tacchino macinata*
*e 400 g di salsiccia sbriciolata con le mani*
*(dopo aver eliminato il budellino);*
*aggiungete una generosa presa di sale,*
*pepe nero macinato al momento,*
*3 cucchiaini di cumino in polvere,*
*3 vasetti di yogurt intero e*
*1 mazzetto di prezzemolo finemente tritato;*
*unite all'impasto.*

*Fathiya* plasma il metallo, lo attorciglia, lo cesella, lo incrosta di pietre opulente e scabre al tempo stesso, le sculture Tya affascinano per la loro grandiosa bellezza. Come la terra del Marocco, terra di contrasti dai colori esasperati e dall'intensa luminosità, esse combinano la rugosità della materia con l'acuto senso delle sfumature nelle forme, l'armonia dell'insieme, il rigore inflessibile dell'opera d'arte.

Il metallo si piega tra le mani esperte. Appena uscito dalla forgia, ancora caldo, si lascia manipolare dall'artista per conseguire la forma che essa intende conferirgli. Ma la sua docilità è solo apparente. In realtà si ribella, qua si gonfia, là esplode, ignora le forme classiche per fare infine ritorno all'ordine, allorché giunge con l'artista a una simbiosi perfetta che si materializza nell'opera d'arte.

## *Fathiya plasme le metal... on rêve le Maroc*

# India Misteriosa

Cibo e religione sono indissolubili, infatti la cucina si basa sulla filosofia Ayurveda ossia mantenere l'equilibrio corpo-spirito: il cibo che l'uomo mangia e l'universo devono essere in sintonia.

Il corpo è regolato da tre umori i Dosba: Vata, Pitta e Kapha. Per le persone

Vata si consigliano cibi Dolci, aciduli, salati

Pitta                  Dolci, amari, astringenti

Kapha              Piccanti, amari, astringenti

## La Sacralità del cibo

Se si osserva un indiano che si mette a mangiare, si noterà che accantona il primo boccone fuori dal piatto. È un gesto rituale di offerta. Poi prepara il suo primo boccone e avanti de portarlo alla bocca lo avvicina alla fronte, in questo modo ringrazia Dio o Madre Natura per il pasto le sta per consumare. Quando la donna serve da mangiare lascia sempre una piccola porzione di cibo nella pentola per l'ospite inaspettato o un mendicante. Quando si porta il cibo alla bocca si abbassa la testa: da una parte non si vuol far cadere frammenti di cibo però si esprime anche rispetto e umiltà, è l'uomo che deve andare al cibo e non viceversa. Alcune sette si astengono dagli alimenti che eccitano le passioni (cipolla, aglio, peperoncino) altre escludono vegetali che maturano sotto terra (tuberi, radici, rizomi). Una tradizione ancora molto viva è quella del digiuno settimanale. Digiunare ogni tanto purifica l'organismo e lo si fa nel giorno dedicato alla propria divinità. Almeno il 70% degli indiani è vegetariano: si può escludere solo la carne e il pesce, o tutti i prodotti di origine animale compresi il latte, le uova, lo yogurt. I Brahmani sono vegetariani, gli altri Indù non mangiano carne bovina né suina.

Considerato tra i tesori nel corso dei secoli, le spezie incantano tutte le cucine del mondo. Il "Mahabharata" le raccomandava ai guerrieri perché infondevano passioni e coraggio. L'Ayurveda gli riconosceva da millenni virtù ottiche digestive e antinfluenzali.

Il curry polvere magica giallo oro e
dai profumi intensi, deriva dalla regione del Madras
ed è un insieme di spezie che varia da
regione a regione. Ci sono più di quaranta tipi di coltivati
e arrivati dall'America. La polvere o pâté può
contenere fino a 50 ingredienti:
Tamarindo, finocchio greco, curcuma, cumino, gingerino, cannella,
macis, cayenne, badiana, pepe e foglie di ..... curry

*Madras curry*

## Scampi al Curry
### per 6 persone

500 gr di scampi
sgusciati e puliti
sale
pepe appena macinato
farina

3 cucchiai di olio d'oliva
2 cucchiai di brandy
salsa al curry preparata
con brodo di pesce
125 ml di panna liquida

Lavare gli scampi e asciugarli bene. Insaporire con sale e pepe e passarli nella farina. A fuoco vivo scaldare l'olio in una larga padella. Aggiungere gli scampi e cuocerli per circa 4 min. finché non saranno ben dorati. Levare dalla padella l'olio, versarvi il curry e il brandy e fiammeggiare. Muovere la padella fino a che il fuoco non sarà spento.

## Cape Sante al curry con tagliolini

Sostituire agli scampi 500 gr di cape sante.
Cuocere 330 gr. di tagliolini
Amalgamare con 30 gr di
burro e versarli in un piatto
di portata preriscaldato. Adagiare
le cape sante sopra i tagliolini
e servire immediatamente.

# Mysterious India

Food and religion are indissolubly linked. Indeed, Indian cooking is based on the Ayurveda philosophy of maintaining a balance between spirit and body. The food that we eat and the universe have to be in harmony.

The body is regulated by three humors (Dosbas): Vata, Pitta, Kapha. Vata persons should eat sweet, acidulous, and salty foods Pitta persons should eat sweet, bitter, and astringent foods Kapha persons should eat spicy, bitter, and astringent foods

## The sacredness of food

If you watch an Indian eating, you will note that he places the first morsel beside the plate. It is a ritual gesture of offering. Then he prepares his first bite, but before placing it in his mouth he brings it to his forehead to thank God or Mother Nature for the food that he is about to eat. When the woman serves food she always leaves a small amount in the pot for an unexpected guest or for a beggar. When an Indian brings food to his mouth he lowers his head instead of raising the food. On the one hand he does not want to let pieces of food fall, but he also expresses respect and humility. It is the man who must go to the food and not vice versa. Some sects abstain from eating foods that excite the passions (onions, garlic, hot peppers). Others exclude vegetables that ripen underground (tubers, roots, rhizomes).

A tradition that is still very much alive is the weekly fast. Fasting from time to time purifies the organism and one does it on the day dedicated to one's patron divinity. At least 80% of Indians are vegetarian. This may mean that they merely exclude meat and fish, or else that they exclude all animal products including milk, eggs, and yogurt. The Brahmins are vegetarians; the other Hindus do not eat meat from cows or pigs.

onsidered over the centuries as one of the earthly treasures, spices enliven all the world's cuisines. The Mahabharata recommended them to warriors because they instilled passion and courage. For millennia, the Ayurveda has attributed hepatic, digestive, and anti-influenza properties to them.

Magic golden yellow curry powder with its intense smell originated in the region of Madras and is a mix of spices that varies from region to region. The powder may contain tamarind, fenugreek, turmeric, cumin, cinnamon, cayenne, coriander, pepper, and many other spices.

## Curried Scampi

*For 6 persons*
*500 g shelled and cleaned scampi*
*3 tbs olive oil*
*2 tbs brandy*
*curry sauce made with fish broth*
*1/4 l cream*
*salt*
*freshly ground pepper*
*flour*
*Wash and dry the scampi.*
*Season with salt and pepper and dredge in flour.*
*Heat oil in a large skillet over high heat.*
*Add the scampi, reduce heat,*
*and sauté for 4 minutes until pink.*
*Remove the oil from the pan,*
*pour in the curry and the brandy and increase the flame.*
*Move the pan until the broth has evaporated.*

## Curried scallops with tagliolini (thin soup noodles)

*Use 500 g scallops in place of the scampi.*
*Cook 330 g tagliolini.*
*Add 30 g butter and place them*
*in a preheated serving dish.*
*Arrange the scallops on the noodles*
*and serve at once.*

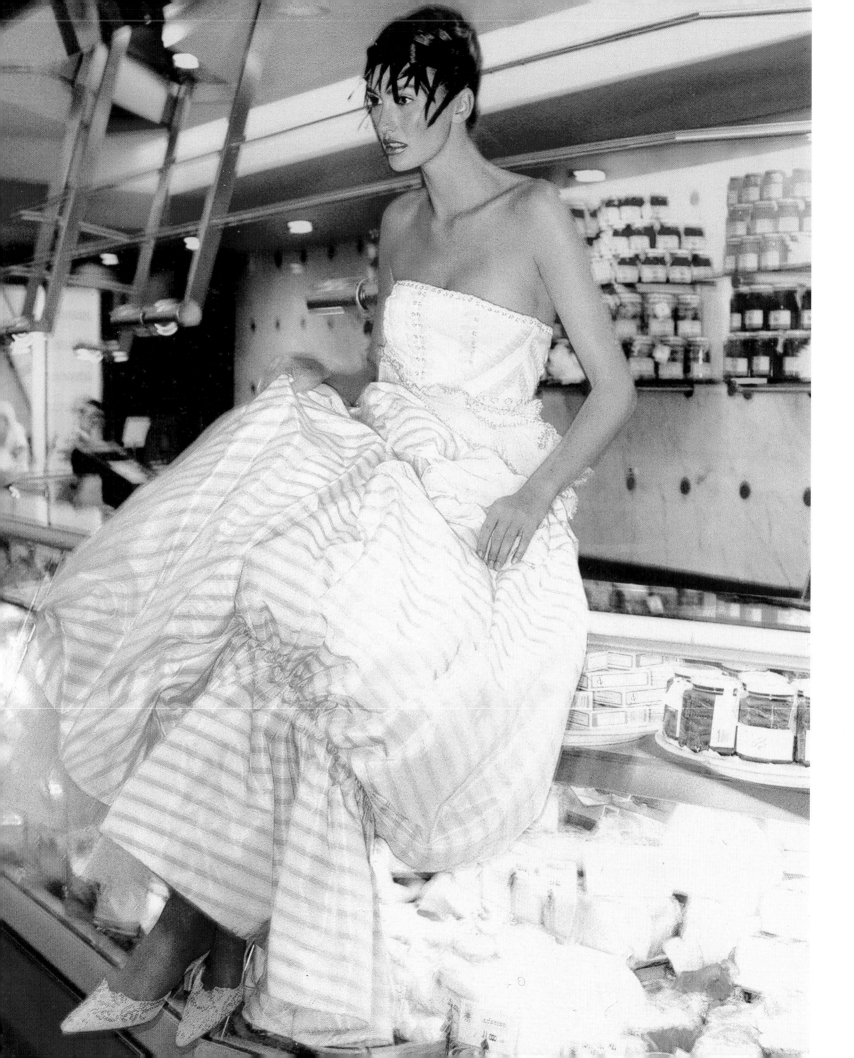

# Il y a entre la Mode et la Cuisine d'étranges et singuliers rapports

La grande Cucina è un po' 'Genio

The Steinmetz Pink, an internally flawess 59.6 carat vivid pink diamond,
the largest fancy vivid pink diamond known in the world.
Steinmetz Collection

... e un po' 'Chimica

# Comme la Mode la Cuisine est une Succession de Sensations

# Farsi tentare da un'anima nera
## Cioccolato

I diversi tipi di cioccolato sono fatti con percentuali variabili di cacao, zucchero, burro di cacao, a cui si possono aggiungere latte, miele, sostanze aromatiche o frutta secca. A seconda del sapore desiderato si usano diversi tipi di cacao – la polvere ottenuta macinando i semi dell'albero omonimo – provenienti da diverse parti del mondo. Un buon cioccolato deve spaccarsi di netto quando lo si rompe; se si scheggia è troppo secco, se si piega senza spaccarsi è troppo untuoso. Dev'essere leggermente lucido in superficie, morbido al tocco, e deve cominciare a sciogliersi se si tiene un po' a lungo. Deve profumare di cioccolato e non di zucchero. Il cioccolato coinvolge tutti i sensi: udito, vista, tatto, odorato, e gusto. Questa completezza, questo equilibrio, è il motivo per cui adoriamo il cioccolato. Che cosa indica la preferenza per l'uno o per l'altro tipo di cioccolato?

The different types of chocolate are made with varying percentages of cocoa, sugar, and cocoa butter, to which may be added milk, honey, spices, nuts, or dried fruit. Depending on the type of taste desired, different types of cocoa — the powder obtained from the ground seeds of the tree of the same name — from different parts of the world are used. A good chocolate should crack cleanly when broken. If it splinters it is too dry; if it bends without snapping it is too oily. It has to have a slightly shiny surface, feel soft to the touch, and should begin to melt in your hands if you hold it for long. It has to smell like chocolate and not like sugar. Chocolate engages all your senses: hearing, sight, touch, smell, and taste. This completeness, this equilibrium, is the reason we love chocolate. What does your preference for one type of chocolate over another say about you?

*Una gradevole sensazione di relax invade il cervello, mentre corpo e mente si lasciano avviluppare pian piano dal Benessere. Tutto merito di anandamide e feniletilamina, sostanze componenti del cacao e quindi del cioccolato. Sono gli stessi effetti che una droga leggera produce nell'organismo...*

Gli Aztechi usavano i chicchi di cacao per pagare le imposte al loro sovrano, giacché i semi erano impiegati sia come denaro che come materia prima per la preparazione di bevande destinate alla corte. Da un documento nahuatl del 1545, citato Sophie e Michael D. Coe nel loro *The True History of Chocolate*, si rileva che una buona chioccia di tacchino valeva 100 chicchi di cacao, o 120 chicchi di cacao avvizziti. Un tacchino valeva 200 chicchi di cacao. Una lepre (del Nordamerica) o un coniglio della foresta valgono 100 chicchi di cacao ognuno. Un coniglio piccolo valeva 30. Un uovo di tacchino valeva 3 chicchi di cacao. Un avocado appena colto valeva 3 chicchi di cacao. Un grosso pomodoro sarà uguale a un chicco di cacao. Un grande frutto di sapodilla, o due piccoli, era uguale a un chicco di cacao. Una grande axolot (salamandra), una prelibatezza azteca, valeva 4 chicchi di cacao, una piccola valeva 2 o 3 chicchi di cacao. Pesce avvolto in cartocci di granoturco valeva 3 chicchi di cacao.

Nel libro si narra anche che il palato del marchese de Sade era stimolato più intensamente dai pasticcini e dai dolci. Era capace di divorarne quantità spaventose. Il cioccolato gli scatenava degli eccessi di entusiasmo incontenibili. Lo adorava sotto ogni forma: creme, dolci, gelati e barrette. In qualunque prigione si trovasse scriveva continuamente al suo avvocato e alla sua paziente e fedele moglie chiedendo che gli venissero mandati libri, vestiti e cose da mangiare. Le sue richieste di dolci di cioccolato erano frequenti; scrive da una cella di Vincennes in una lettera a Mme de Sade il 9 maggio 1779: "Ho chiesto [...] una torta e del gelato, ma desidero che sia di cioccolato e dentro di nero cioccolato come il culo del diavolo è nero di fumo. E il gelato deve essere lo stesso." Continuò a scrivere la sua prosa incendiaria sovversiva, ribelle fino alla fine.

• Voi che preferite il cioccolato amate la compagnia e avete bisogno di essere circondati da gente.
• Se preferite il cioccolato vi muovete oltre il cerchio allargando i vostri limiti grazie alla vostra sensibilità, vi lasciate guidare dal cuore.
• La vostra preferenza per il cioccolato dimostra che siete persone equilibrate, ferme nelle convinzioni, logiche, memoria eccellente.
• BIANCO : Vedete sempre le due facce opposte di un problema
• AL LATTE: Vi piace vivere nel ricordo del passato: rimpiangere la dolcezza dell'infanzia
• FONDENTE: Guardate sempre al futuro, avete una mente attiva, fertile d'idee sempre nuove
• EXTRA FONDENTE: Avete l'animo del conoscitore, capace di distinguere il meglio in tutti gli ambiti della vita, specialisti ad alto livello.

QUALUNQUE SIA IL VOSTRO TIPO DI CIOCCOLATO: SIETE PERSONE FLESSIBILI, ADATTABILI, CAPACI DI VIVERE CON CHIUNQUE E DI SOPRAVVIVERE NELLE SITUAZIONI PIÙ DIVERSE. SAPETE TENERE IL PASSO COI TEMPI E ACCETTARE OGNI CAMBIAMENTO E NOVITÀ.

*A delightful feeling of relaxation suffuses your brain, while your body and mind are slowly enfolded in Well-being. All thanks to the anandamide and phenylethylamine contained in cocoa — and thus in chocolate — which have a mild stimulating effect on our bodies and brains.*

The Aztecs used cocoa beans to pay taxes to their rulers since the seeds were used both as currency and as raw materials for making beverages for the royal court. On the basis of a Nahuati document from the year 1545, cited by Sophie and Michael D. Coe in their *The True History of Chocolate*, we are infromed that a good hen turkey was worth 100 full or 120 shrunken cocoa beans. A tom turkey was worth 200 cocoa beans. A North American jackrabbit or a forest hare were worth 100 cocoa beans. A small rabbit was worth 30. A turkey egg was worth 3 cocoa beans. A freshly picked avocado was worth 3 cocoa beans. A large tomato was equal to one cocoa bean. One large or two small sapodilla fruits were worth one cocoa bean. A large axolot (a salamander), an Aztec delicacy, was worth 4 cocoa beans, and a small one 2 or 3. Fish wrapped in corn husks were worth 3 cocoa beans.

We also learn from the Coes' book that the palate of the Marquis de Sade was most intensely stimulated by pastries and sweets. He was capable of consuming frightful amounts. Chocolate drove him to boundless excesses of enthusiasm. He adored it in any form: creams, sweets, ice creams, and bars. From any of his various prison cells he wrote continuously to his lawyer and to his long-suffering and faithful wife asking that he be sent books, clothes, and things to eat. He often asked for chocolate sweets. From a cell in the prison of Vincennes he wrote a letter to his wife on May 9, 1779: "I requested [...] a cake and some ice cream, but I want [the cake] to be chocolate and black with chocolate on the inside like the devil's ass is black from smoke. And likewise the ice cream." He continued to write his inflammatory and subversive prose, a rebel to the end.

• Chocolate lovers love being in company and need to be surrounded by people.
• If you love chocolate you move beyond your circle expanding your limits by virtue of your sensibilities, you are guided by your heart.
• Your preference for chocolate shows that you are well balanced people with firm convictions, logical, with excellent memories.
• WHITE CHOCOLATE: you always see both sides of a problem
• MILK CHOCOLATE: you like to dwell on your memories of the past; you miss the sweetness of childhood.
• DARK CHOCOLATE: you always look to the future, you have an active and fertile mind full of new ideas.
• EXTRA DARK CHOCOLATE: you have the soul of a connoisseur, capable of distinguishing the best in all spheres of life, you are a high flying specialists.

WHATEVER YOUR FAVOURITE TYPE OF CHOCOLATE IS: YOU ARE FLEXIBLE, ADAPTABLE, ABLE TO LIVE WITH ANYONE AND TO SURVIVE IN A GREAT MANY DIFFERENT SITUATIONS; YOU KEEP STEP WITH THE TIMES AND ASSIMILATE ANY CHANGES OR NOVELTIES.

# Cacao Chuao

Situato in fondo alla vallata d'Aragua, ad est di Caracas, il villaggio di Chuao è accessibile solo in battello; è grazie a questo isolamento che le tradizioni della cultura del cacao si sono conservate dal tempo degli Aztechi, si dice, i primi a coltivare questo albero. Il cacao che si produce a Chuao è considerato il miglior cacao del mondo

Lusso
alla
portata
di
Tutti.

Cioccolatini
al
Brunello

*di Silvana Biasutti*

## I cadi del Brunello

Racchiuso piccoli sorsi di Brunello di Montalcino in scuri batons di cioccolato fondente per scoprire un piacere inedito ed una coppia sorprendente.
Assaggiare e Sognare: vigne, boschi, campagne ed il mare dietro le colline! Silvana Biasutti

Fatto ad Arte

Lusso con un'anima

# Mini soufflé di cioccolato

*Per 6 persone*
*un cucchiaio di zucchero*
*1 dl abbondante di latte*
*25 g di zucchero vanigliato*
*un cucchiaio di brandy*
*65 g di cioccolato a pezzetti*
*un cucchiaio di farina*
*10 g di burro*
*3 tuorli*
*4 albumi*
*3 cucchiai di cioccolato sbriciolato*
*Tempo di preparazione: 20 minuti*
*Tempo di cottura: 20-25 minuti*
*Forno: 200°*

*Mettete in una casseruola il latte (meno di 4 cucchiai),*
*lo zucchero vanigliato, il brandy e portate a ebollizione.*
*Poi aggiungete il cioccolato e la farina sciolta nel latte*
*da parte, mescolando fino a quando il cioccolato si sarà*
*completamente sciolto. Togliete la casseruola dal fuoco*
*e lasciate raffreddare la crema, poi incorporatevi il burro*
*e i tuorli, uno alla volta, mescolando delicatamente in*
*continuazione. Con una frusta montare gli albumi*
*a neve densa, unitene un quarto alla crema, mescolate*
*delicatamente dal basso verso l'alto, quindi versate*
*nel composto gli albumi montati rimasti.*
*Imburrate 6 formine da soufflé, spolverizzatele con*
*lo zucchero, distribuitevi dentro metà della crema,*
*cospargete con mezzo cucchiaino di cioccolato sbriciolato*
*e coprite con la restante crema. Mettete le formine in forno*
*già caldo alla temperatura indicata e cuocete per*
*15 minuti circa. Servite immediatamente.*

# Soufflé vanille-citron

*Pour 6 personnes*
*Préparation: 20 min*
*Cuisson: 35 min*
*25 cl de lait*
*50 g de beurre*
*plus 30 g (pour le moule)*
*50 g de farine*
*50 g de sucre*
*plus 30 g (pour le moule)*
*5 œufs*
*1 citron*
*1 gousse de vanille*
*5 cuillères à soup de sucre glace*

*Préchauffez votre four à 180°*
*Râpez le zeste du citron avec la grille fine de la râpe*
*à fromage. Réservez.*
*Coupez le citron en quatre et pressez un quart de ce citron*
*pour en extraire le jus. Réservez.*
*Versez le lait dans une casserole (en cuivre étamé*
*de préférence). Fendez la gousse de vanille en deux,*
*dans le sens de la longueur, et grattez les petites graines*
*qui se trouvent à l'intérieur. Mettez-les dans le lait ainsi*
*que la gousse. Faites chauffer le lait vanillé à feu doux*
*et retirez du feu dès qu'il commence à bouillir.*
*Retirez la gousse de vanille.*
*Hors du feu, ajoutez le beurre coupé en petites parcelles,*
*le zeste de citron râpé, la farine, et mélangez le tout*
*avec une cuillère en bois.*
*Cassez les œufs séparant les blanc des jaunes. Commencez*
*à monter les blancs en neige, ajoutez le jus de citron, puis*
*le sucre, petit à petit, tout en continuant de fouetter. Les*
*blancs d'œufs doivent avoir l'aspect d'une mousse légère,*
*la réussite du soufflé en dépend. Il faut donc bien veiller*
*à ne pas les monter en neige trop ferme.*
*Incorporez ces blancs à la préparation précédente,*
*puis ajoutez les jaunes d'œufs. Mélangez.*
*Beurrez soigneusement un moule à soufflé, saupoudrez-le*
*de sucre semoule. Remplissez-le à ras bord de l'appareil*
*à soufflé. Placez le moule dans un plat à gratin contenant*
*un peu d'eau. Faites cuire 25 minutes au four.*
*Dès la sortie du four, saupoudrez-le de sucre glace*
*et servez aussitôt.*

# Soufflé au Grand Marnier

*Per 4 persone (30 minuti circa)*
*25 cl di latte*
*4 uova*
*1 pizzico di sale*
*100 g di zucchero*
*35 g di farina*
*4 cucchiaini di Grand Marnier*
*Versare in una casseruola 20 cl di latte e portate*
*a ebollizione. In una terrina mettete i gialli d'uovo,*
*20 g di zucchero e portate ad ebollizione.*
*In una terrina mettete i gialli d'uovo, 20 g di zucchero*
*e battete vigorosamente. Incorporate la farina,*
*poi 5 cl di latte freddo restante ed il Grand Marnier.*
*Aggiungete il latte bollente. Versate il preparato in una*
*casseruola e portate a ebollizione.*
*Mantenete a ebollizione per circa 3 minuti, mescolando*
*costantemente con una forchetta. Lasciate raffreddare.*
*Montate i bianchi d'uovo lavorando sodo*
*con un pizzico di sale e 80 g di zucchero.*
*Incorporateli delicatamente alla crema pasticcera*
*calda con una spatola. Versate il preparato*
*dentro gli stampi singoli imburrati e zuccherati.*
*Battete delicatamente gli stampi sopra un canovaccio*
*per evitare la formazione di bolle d'aria.*
*Mettete in forno già caldo a 220° per circa 10 minuti.*
*Alla fine spolverate di zucchero ghiacciato e servite subito.*
*Accompagnate questi deliziosi soufflés*
*con un piccolo bicchiere di Grand Marnier.*

Mi piace quando si materializza davanti a me
qualcosa di soffice, leggero, morbido,
una sorta di nuvola spumeggiante che
nel forno caldo cresce,
cresce come per magia
fino a sprigionare gusti e profumi straordinari.
Il soufflé appare con la sua leggerezza e va servito subito
altrimenti si abbassa.
Nasce nella cucina francese
nella prima metà del '700.
"Soufflé" deriva da "souffer" gonfiare
indica quando un bianco d'uovo battuto,
per effetto del calore,
prende grande volume.
Famosissimo il soufflé d'aragosta cotto nel forno,
a bagno finito con burro rosso
e cannella di tartufi
inventato da Urban Dubois e portato alla Corte di Prussia.

## I Segreti per un buon soufflé

1) Mai iniziare i soufflé da cottura a freddo;
2) Gli albumi montati a neve devono essere consistenti (ma non eccessivamente);
3) Gli stampi non vanno mai riempiti completamente per lasciare spazio alla crescita: vanno imburrati, zuccherati o infarinati e messi in frigo per un po'.

# Quando ci si trova davanti ad una Torta

alta come una
strati di crema
cioccolato fondente,
gianduia, decorata
Chantilly, 'confetti'
meringhette e

La sensazione
si taglia una
dando
montata,
profumata
infine
spagna
della
con

piramide, farcita con
pasticciera, crema di
vaniglia, nocciola e
con riccioli di panna
pralinati, candide
quasi impossibile resistere,
che si prova quando
fetta di dolce, affondare
nel merletto di panna
poi nella glassa
di mandorle ed
nel soffice pan di
con un coltello
impugnatura e
la lama sottile

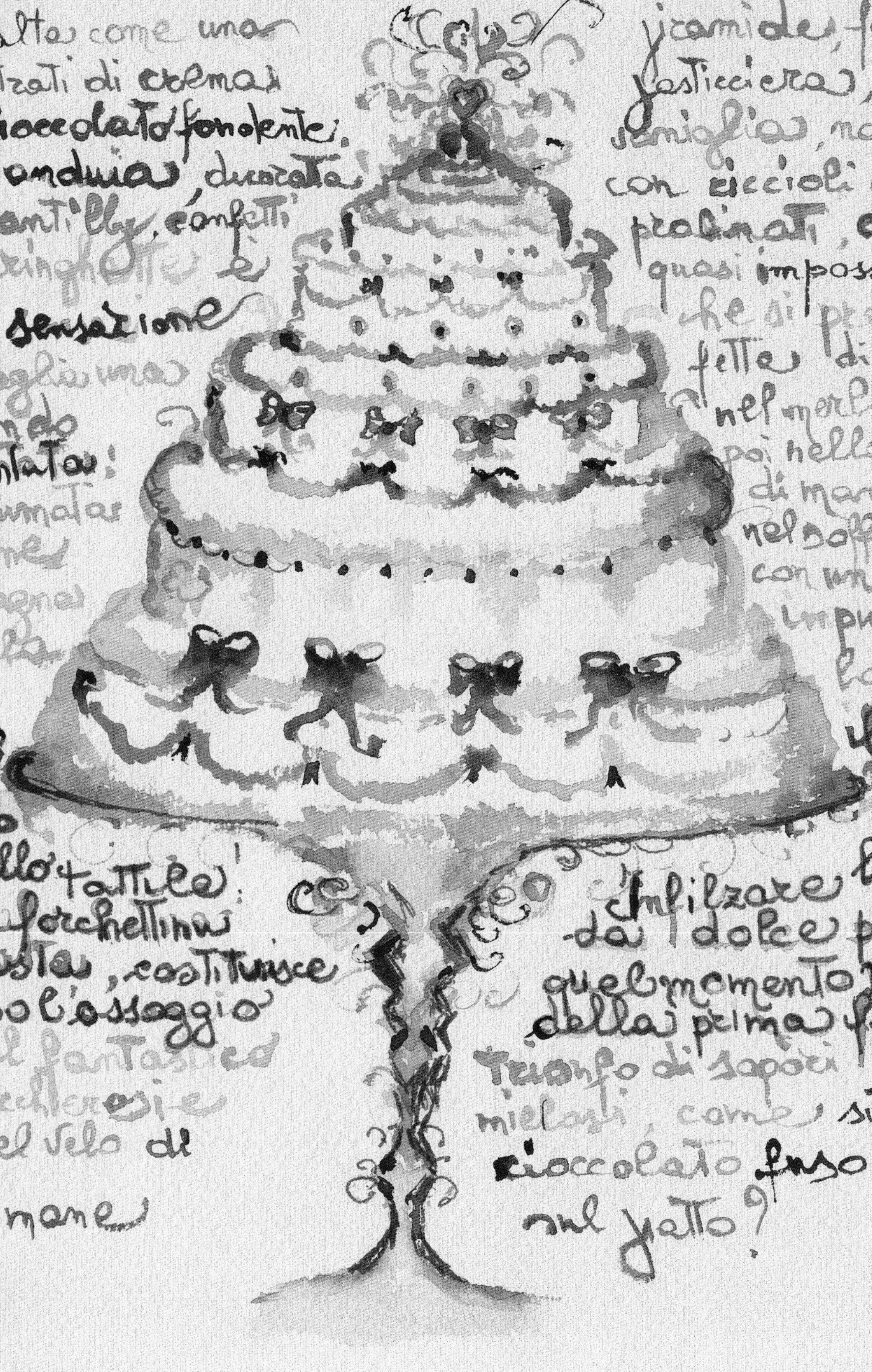

Dopo
visivo
quello tattile
una forchettina
robusta, costituisce
dopo l'assaggio
quel fantastico
zuccherose e
quel velo di
rimane

il piacere
subentra

Infilzare la fetta con
dal dolce piccola ma
quel momento magico... le
della prima fetta, dopo
trionfo di sapori dolci,
mielosi, come si può lasciare
cioccolato fuso che
sul piatto?

PÂTE FEUILLETÉE (POUR NOVICES) : LA RÈGLE DU JEU EST DE NE PAS FAIR
PASSER LE BEURRE AU TRAVERS DE LA DÉTREMPE, C'EST À DIRE DE LA PÂTE
LE TOUT EST QUE LA DÉTREMPE SOIT À LA MÊME TÉMPERATURE QUE LE BEURRE
DE TELLE SORT QUE LEUR DENSITÉS SOIT ÉGALES. IL N'EN DEMEURE PAS
MOINS VRAIS QUE POUR EN ÊTRE CONVAINCU, IL FAUT AVOIR ESSUYÉ PLUSIEURS
DÉCONVENUS !

EN ÉTÉ GLISSEZ LA
PÂTE FEUILLETÉE DANS
UN SAC EN PLASTIQUE
ENTRE CHAQUE TOUR,
PUIS METTEZ-LA ½ HEURE
AU RÉFRIGERATEUR.

❋ afin de savoir où l'on en est , pour peu que
l'on soit d'un naturel distrait, il suffit de
marquer la pâte d'une pression du doigt
à la fin de chaque tour. Autant de marques autant de tours

❋ Il est bon de savoir qu'une pâte feuilletée congelée monte tout
aussi bien, sinon mieux qu'une pâte fraîche.
On peut donc découper, puis placer
au congélateur la pâte feuilletée
ainsi prête à être enfournée.

Soufflé à l'orange (dans la peau
des fruits)

Évider les oranges la veille. Ensuite, après les avoir remplies
d'appareil à soufflé ① on enroule des bandes de papier sulfurisés
beurrées sur une face et de quelques centimètres plus hautes que les oranges.
Ensuite, on enfonce la cheminée de papier dans l'appareil à
soufflé, sans exagérer ② l'important étant que la cheminée tienne
Il ne reste plus qu'à passer au four et sucrer au dernier moment.

papier sulfurisé

orange

# LES CRÈMES

**Crème brûlée : une flamme à déclarer**

Le petit chalumeau ne fait pas partie d'une batterie de cuisine classique et pourtant...... Il est irremplaçable pour dorer une crème brûlée ou caraméliser des poires. Il suffit de la saupoudrer de sucre et de passer la flamme du chalumeau qui dore très vite, sans pour autant cuire en profondeur.

**Crème Chantilly**
(dessin de glace)

Pour réussir une crème chantilly il ne suffit pas d'utiliser une crème fraîche froide. Par précaution, on doit aussi placer préalablement au congélateur le récipient dans lequel on la monte. (mieux vaux utiliser de la crème fleurette, c'est-à-dire de la crème fraîche liquide. Si l'on emploie une crème épaisse, il convient de la détendre avec un peu de lait avant de la monter) et de préférence avec du sucre glace, ce qu'il lui donne un aspect satiné. Quand on retourne le récipient dans lequel on l'a montée, la crème Chantilly ne doit pas Tomber.

## CRÈME ANGLAISE
"AU DOIGT ET À L'OEIL"

Si on n'a pas une grande habitude de la crème anglaise, on peut CONTROLER SA CUISSON D'UNE MANIÈRE TRÈS SIMPLE. IL SUFFIT DE PASSER LE DOIGT SUR LE DOS DE LA SPATULE NAPPÉE DE CRÈME. LA CRÈME EST CUITE QUAND LA TRACE DU DOIGT RESTE BIEN VISIBLE. EN REVANCHE, SI LE SILLON FORMÉ SE REFERME ET QUE LA MARQUE DU DOIGT DISPARAÎT, IL FAUT POURSUIVRE LA CUISSON EN TOURNANT REGULIÈRE-MENT À L'AIDE DE LA SPATULE. RETENEZ ÉGALEMENT UN DÉTAIL QUI A SON IMPORTANCE : ON NE FOUETTE JAMAIS UNE CRÈME ANGLAISE, MAIS ON LA TOURNE AVEC UNE SPATULE DE BOIS.

(Il est difficile de rater une crème anglaise si l'on respecte le principe qui consiste à verser un peu de lait bouillant sur les jaunes, puis à mélanger, avant de reverser les jaunes dans la casserole. Cependant si elle fait des grumeaux, on peut toujours la mixer.

2000
Paola

# Choux à la crème, éclairs
## (attenzione au corps fourré)

Avant de fourrer les choux, il faut qu'ils soient non seulement bien secs, c'est à dire débarrassés de leur humidité, mais froids. Le choux se fourrent à la poche à douille, sans oublier au préalable, d'y ménager un petit trou à l'aide de la pointe d'un ciseau. À défaut de poche à douille, on peut le décalotter au 3/4 à l'aide d'une paire de ciseaux ce qui permet de le fourrer à la cuiller. S'il s'agit d'éclairs, la pâte doit être coupée aux ciseaux sur toute sa longueur en mordant largement sur les arrondis, de manière au pouvoir les ouvrir comme un plumier.

## Glace royale
### (d'un simplicité biblique)

La glace royale est très simple à réaliser. On compte le blanc d'un gros oeuf pour 100 gr de sucre glace préalablement tamisé. Tout le reste est dans le coude: il faut mélanger à la spatule en tournant jusqu'à obtenir une pâte homogène et filante. Coulée sur le gâteau, la glace royale s'étale très finalement à la spatule et sèche rapidement. On peut obtenir une glace en fouettant de sucre glace et de l'eau, parfumée ou non d'une liqueur. attention! Avant de glacer le gâteau, il convient d'abricoter sa surface, pour que le glaçage ne pénètre pas en profondeur et soit lisse et brillante.

Paolo Luglio
2000

*Vera Wang per Giorgia*

"Il tempo non serve
per misurare la realtà
ma la distanza che
ci separa dall'avverarsi
dei nostri desideri."
*Edward Blake*

## Rosa

Più che un colore, una filosofia
che avvolge romanticismo e femminilità.
Ricette profumate.
I mille volti della rosa:
il fiore più romantco
del giardino, ideale per bouquet-simbolo
a seconda del colore dei petali,
ora conquista la cucina per dare profumo
a golosità raffinate e creative.

## Cocktail Rose Royal

*Un drink deliziosamente euforizzante:
versare in una flûte un cucchiaino di sciroppo di rosa
e aggiungete poi champagne millesimato.*

"Les roses de la marine" sono di seta rosa
vaporisée… Il corsage di organza fiorisce
tra piume di struzzo e macramè…
Lettura rosa nelle collezioni primavera-estate.
Le rose letterarie evocano, insieme
a una tavolozza viola, mauve e burgundy,
i "days of wine and roses" del poeta inglese
Ernest Dowson e lo "Spectre de la rose"
ballato da Nijinskij…

# Cannoli con crema di marron glacé

*Per 10 persone*

*Per la pasta:*

*400 g di farina di grano duro, 75 g di strutto,*

*2 tuorli e 1 albume, 40 g di zucchero,*

*20 cc di Malvasia delle Lipari,*

*1 fialetta di aroma di vaniglia.*

*Per la crema:*

*500 g di marron glacé, 1 l di latte,*

*200 g di zucchero, 90 g di amido di mais.*

*Per guarnire:*

*scorzette di arancia candite, cannella in polvere*

Impastate a lungo la farina con lo zucchero, lo strutto,
le uova, l'aroma di vaniglia e la Malvasia, fino a
ottenere una pasta sostenuta. Dividetela in pezzi, tirateli
in sfoglie sottilissime e ritagliatene dei rombi di circa 4 cm
di lato. Avvolgete ognuno attorno ad appositi piccoli
cilindri di metallo (nei negozi specializzati) e saldate
le due punte premendo con le dita. Friggeteli in
abbondante olio bollente, adagiateli su carta assorbente
e sformateli quando sono ben freddi. Per la crema,
frullate i marroni con poca acqua. Mettete la purea in
un pentolino con il latte, l'amido e lo zucchero e cuocete,
sempre mescolando, fino ad addensare. Fate raffreddare,
e riempite i cannoli con l'aiuto di un cucchiaino.
Guarnite con le scorzette candite e la cannella.

# Torta al cioccolato

*Per 6 persone*

*Per la pasta brisée:*

*200 g di farina bianca francese tipo 55*

*5 cucchiai d'acqua*

*1 pizzico di sale fine*

*2 tuorli d'uovo*

*100 g di burro ammorbidito*

*Per la crema al cioccolato:*

*250 g di cioccolato*

*15 g di crème fleurette*

*1/2 bastoncini di vaniglia*

*2 tuorli d'uovo*

*più 30 g di burro ammorbidito*

Preparate la pasta brisée: in una marmitta mettete
la farina a fontana. Al centro, versate l'acqua, il sale,
i tuorli d'uovo e il burro tagliato a pezzettini.
Impastate il tutto fino a ottenere una pasta omogenea.
Schiacciatela sotto il palmo della mano premendola per
amalgamare in profondità i diversi ingredienti.
Lasciatela riposare al fresco, in una pellicola alimentare,
per almeno un'ora. Preriscaldate il forno a 200°.
Su un piano di lavoro infarinato, spianate la pasta fino
a raggiungere 3 millimetri di spessore. Mettetela in uno
stampo per torte imburrato rivoltandola ai bordi.
Bucherellate il fondo con i rebbi di una forchetta.
Ricoprite con un foglio di carta pergamenata e con fagioli
secchi e cuocetela. Toglietela dal forno, levate la carta
e i fagioli, lasciatela raffreddare nello stampo e poi,
maneggiandola con cura (è molto fragile), mettetela
su una griglia. Tagliate finemente il cioccolato e mettetelo
in una marmitta. Riscaldate la crème fleurette con
la vaniglia tagliata in due nel senso della lunghezza.
Non appena inizia a bollire, toglietela dal fuoco, levate
la vaniglia e versatela sul cioccolato.
Mescolate finché avrete ottenuto una crema omogenea.
Incorporate i tuorli e il burro.
Versate nella torta questo preparato
dopo averlo leggermente intiepidito.
Lasciate raffreddare prima di servire.

# Petali cristallizzati

(tempo di preparazione 1 ora)

Scegliere 12 rose aperte, profumate e non trattate
con prodotti chimici, sfogliarle, lavare rapidamente
i petali in acqua abbondante, scolarli su un telo
e asciugarli accuratamente e con delicatezza.
Versare 2 albumi in un piatto, romperli
con la forchetta, senza montarli veramente.
Con l'aiuto di un pennellino, spalmare

di albume i petali, uniformemente da entrambi i lati,
passarli singolarmente nello zucchero bianco a grana
fine (occorrono 500 g circa), scuoterli dall'eccesso
di zucchero e lasciarli asciugare a temperatura
ambiente, adagiandoli su una griglia. Dopo un giorno,
i petali saranno pronti, seccarti e cristallizzarti,
da conservare in una scatola di latta: si consiglia di
utilizzarli come decorazione per bevande, dolci, gelati.

# CLAFOUTIS

Clafoutis avec ou sans noyaux? Une chose est sûre. Pour que les cerises ne tombent pas au fond du moule durant la cuisson, il faut procéder en deux temps : ① verser 1 cm de pâte dans le fond du moule, la faire prendre quelques min. au four et ensuite ajouter les cerises, puis recouvrir de pâte et replacer au four.

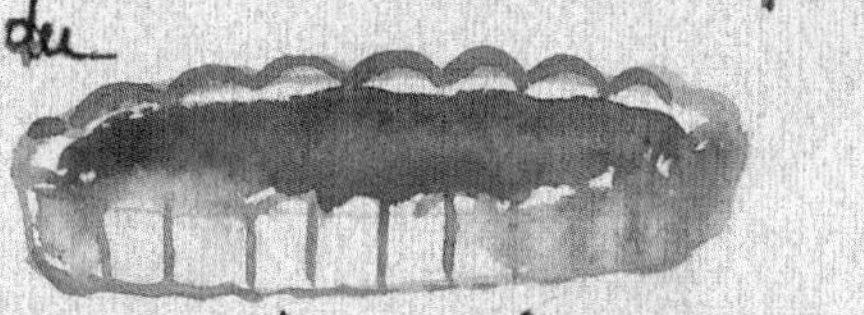

Si les défenseurs des cerises dénoyées ont pour argument principal qu'on se casse les dents, leurs ennemis affirment que le jus d'une cerise dénoyée détrempe la pâte. Il y a du vrai dans les deux versions

Caviar : "control de peau lisse"

Paola 2005

control fraîcheur

Pour s'assurer de la fraîcheur d'un caviar, on en place une petite noix sur le dos de sa main et on la porte à la bouche. Après ce geste, on ne doit sentir absolument aucune odeur de poisson sur la main. Dans le cas contraire, cela veut dire que le caviar n'est pas de première pêche.

Méfiez vous du caviar pas cher, car il n'y a pas de miracle. Ce ne sont pas la plupart des caviars de première pêche, mais de seconde seulement, ce qui veut dire qu'ils ont été pasteurisés pour assurer leur conservation.

Meringues pour ne pas être cuite.

On doit faire preuve de patience avec les blancs d'oeufs. Il n'est pas question d'incorporer le sucre rapidement, mais cuillerée par cuillerée, tout en fouettant les blancs. Sinon, le sucre les cuite et on n'arrive plus à les monter en neige. Ensuite, on vérifie la bonne consistance des blancs en y plongeant une petite louche qu'on retourne. Le blancs doivent bien accrocher au dos de la louche. ① On peut aussi vérifier la consistance des blancs en retournant le récipient. Ils doivent rester accrochés.

## Ile Flottante (passer un film)

Si l'on possède un four à micro-ondes, inutile de pocher les oeufs en neige. Il suffit de le poser sur des morceaux de papier film. ① puis de les enfermer dans ces morceaux de papier, en formant une petite bourse. ② Il ne reste plus que le passer 30 secondes au four à micro-ondes. On constate alors qu'ils sont ronds, lisses et légèrement plus fermes que si on les avait pochés.

BAVAROIS "QUESTION D'ÉQUILIBRE"

LE BAVAROIS CONSTITUE UN EXCELLENT DESSERT D'ÉTÉ. LE PROBLÈME EST LA CHALEUR. MIEUX VAUT, DANS CE CAS PENSER À AUGMENTER LA QUANTITÉ DE GÉLATINE PRESCRITE DANS LA RECETTE POUR QU'IL NE S'EFFONDRE PAS À LA DÉCOUPE

(Il ne faut pas que la crème anglaise soit froide sinon on incorpore mal la gélatine.) Il ne faut pas non plus qu'elle soit chaude, sinon c'est la crème fouettée qui tombe. Elle doit être tout juste tiède.

Jodie
2001

# Un sorbetto come Dio vuole

## Sorbetto

Base per un sorbetto di ossimele consigliato da ibn
Wafid, erudito arabo dell'XI secolo:
"Si fa con due libbre di miele schiumato e una libbra
di aceto. Lo si lascia sul fuoco almeno un'ora.
Tu lo assaggi: se il sapore di miele sovrasta,
aggiungi aceto; se è quello di aceto, aggiungi miele fino
ad ottenere un sapore equilibrato e di buona
consistenza. Lascia cuocere a fuoco dolce per ottenere
uno sciroppo leggero.
Se Dio vuole (gloria a Lui l'Altissimo)".

## Mousse alle fragole

350 g di fragole, 1 limone, 4 fogli di gelatina,
120 g di meringa italiana, 180 g di panna.
Passare al setaccio le fragole fino a ottenere una purea
omogenea e unire il succo di limone. Ammorbidire
la gelatina in acqua fredda, sgocciolarla e farla
sciogliere in un bagnomaria caldo, insieme con un quarto
della purea di fragole. Setacciare il composto per
eliminare i grumi e incorporare la purea rimasta.
Aggiungere la meringa italiana (albumi montati a neve
con sciroppo di zucchero) e la panna montata.
Distribuire in uno stampo e lasciare solidificare in frigo.
Decorare con le fragole e servire.

*Voglio nutrirti dei fiori di ghiaccio*
*su questa finestra d'inverno.*
*gli aromi di molte zuppe.*
*il profumo di candele sacre*
*che in questa casa di cedro mi insegue.*
*Voglio nutrirti della lavanda*
*che si sprigiona da certe poesie.*
*e della cannella delle mele che cuociono.*
*e della gioia semplice che vediamo*
*nel cielo quando ci innamoriamo.*

# Cedro divino

Ogni anno i rabbini delle principali comunità ebraiche di tutta Europa arrivano a Santa Maria del Cedro, in Calabria, per scegliere il frutto che più di ogni altro rappresenti la perfezione. Il piccolo borgo è infatti, secondo la tradizione ebraica, la capitale del cedro originale. Solo qui si trovano i frutti dalla forma conica, di colore uniforme e dalla buccia priva di rugosità o macchie, degni di comparire nelle sinagoghe per l'occasione della Festa dei Tabernacoli o Sukkoth. Gli agrumi devono provenire da piante innestate, almeno al quarto anno di produzione. Secondo la tradizione fu Dio stesso che indicò a Mosé il cedro come pianta da utilizzare nella festività che, nella prima metà del mese di ottobre, celebra i raccolti di fine anno.

*Silvana Ratti*

Each year the rabbis from Europe's main Jewish communities arrive in Santa Maria del Cedro, in Calabria, to select the fruit that best represents perfection. In the Hebrew tradition, the small village is the capital of the original citron. Only here can they find uniformly colored conical fruits with unblemished peels, worthy of appearing in the synagogues for the Feast of Tabernacles or Succoth. The fruits have to come from grafted plants in at least their fourth year of fruit bearing. According to the tradition, it was God himself who indicated the citron to Moses as the plant to use in the harvest festival that occurs in early October.

## Soufflé gelati di Silvana

I composti son diversi a seconda che si tratti di soufflé alla frutta, o di soufflé al gusto di vaniglia, caffè, cioccolato ecc. Questi ultimi si fanno con un composto per mousse alla crema, che può servire anche per i soufflé alla frutta; ma, per questi ultimi è preferibile il seguente composto.
Composto per soufflé gelati alla frutta.
Montare a neve molto soda 10 bianchi d'uovo; aggiungervi 500 g di zucchero cotto al filo.
Trasferire in una terrina; lasciar raffreddare; aromatizzare a piacere e aggiungere: mezzo litro di purè di frutta e mezzo litro di panna montata molto soda.
Posare in stampo dei soufflé gelati grandi e piccoli.
I grandi soufflé si mettono in timballi per soufflé ordinari, circondati da una striscia di carta bianca,

attaccata con del burro o legata con dello spago, che sporga dal bordo del timballo per 2 o 3 centimetri, affinché il composto, superando i bordi, dia l'illusione di un soufflé quando la striscia di carta viene asportata. I piccoli soufflé vengono messi in vaschette o in piccoli recipienti d'argento, circondati nello stesso modo da strisce di carta, per poter far salire il composto al di sopra dei bordi delle vaschette. Appena messi negli stampi, i soufflé vengono sistemati in recipienti ben sanglé. Al momento di servire, asportare delicatamente la striscia di carta che non serve più poiché il composto è ormai solido, e disporre i soufflé su un tovagliolo o su un blocco di ghiaccio tagliato. Come le bombe e i biscotti, anche i soufflé gelati possono essere variati all'infinito, a seconda delle combinazioni alle quali si prestano.

# Joie de vivre à Venise

Un risveglio magico…
un pensiero all'oriente…
il sole mi bacia e io lo lascio fare.
Le petit déjeuner…
profumi coinvolgenti…
è il momento del risveglio dei SENSI
mentre le campane di San Marco
allietano l'inizio della mia giornata a Venezia.
Filippo mi aspetta…
la *topa* è pronta…
i canali e la laguna riflettono immagini incantate….
parto dai Mori d'Oriente,
passo per Colombina e m'invade…
la joie de vivre!

Juanita Sabbadini

*Palazzo Venier dei Leoni in the 1950s where Peggy Guggenheim lived. It is today the home of the Peggy Guggenheim Collection.*

# PEGGY GUGGENHEIM

Art collector, wife of Laurence Vail and Max Ernst, mother of Sindbad and Pegeen, homemaker, champion of the avant-garde, heiress, muse of the American Abstract Expressionists, mistress, art dealer, patroness of Jackson Pollock, hostess – like most successful women Peggy wore many hats, some of which are little known. Only her family and closest friends knew her as a cook, but cook she sometimes was, and a good one too. Here are two of her recipes…

## *Tomato Ice Cream*

*For 6 to 8 people*
*6 large red tomatoes, peeled and sieved*
*or put through blender,*
*2 cups cream,*
*whipped tomato catsup or puree,*
*to taste 2 tbs of lemon juice, salt and pepper,*
*2 drops of tabasco, pinch of sugar*
*Mix all ingredients one a time.*
*Freeze in a pyrex bowl. Stir once during freezing*
*when frozen around the sides but soft in the centre.*
*Serve as a first course with seafood,*
*such as shrimps or lobster.*

*The dining room of Palazzo Venier dei Leoni, as it was in Peggy's time*

# Le sue ricette preferite

## Orange Soufflé

*For 4 to 6 people*
*5 egg whites, 5-6 tbs orange marmalade*
*1 tbss sugar, (optional) butter.*
*Sauce:*
*2 egg yolks, 1 tbs sugar, 1 tbs marmalade,*
*1 1/2 cups whipping cream, 2 tbs brandy.*
*Beat egg whites until stiff and add marmalade.*
*Butter heavily a double boiler and pour in the*
*mixture. Cover and steam for 1 hour or more.*
*Do not take off the cover it should have risen several*
*inches and have shrunk away from the sides.*
*Sauce: beat the two egg yolks, add sugar.*
*In a separate bowl beat the cream until it is stiff.*
*Mix with egg yolks and chill.*
*Just before serving, stir in the brandy.*
*To serve the soufflé turn it out onto a plate.*
*The sauce can either be spread over it*
*or served on the side.*

*From J. T. Rylands,* Dining with Peggy Guggenheim *(1999)*

197

Note

La Cucina prepara,
evoca, ricorda l'Amore
Un crostino spalmato di foie gras,
un carpaccio rosa di Tonno, ma anche
un uovo al tegamino ... sono i sapienti
preliminari di una staffetta dei sensi:
occhi, naso, palato, lingua, testa, cuore
ventre, mani........
          Dopo l'impalpabile soufflé di
cioccolato, ... il croccante spaghetto soddisferanno
gli appetiti rimasti ...lasciandone altri in sospeso!

il mio Natale

l'amore è l'unico cibo
che sfama veramente

# Nel segno della creatività

unendo la fantasia e stimolando la manualità

*per raggiungere un'armonia di colori, di materiali e di sensazioni...*

Le Rouge est aussi une catégorie mentale,
diraient les philosophes.
Il symbolise l'énergie, la vie, l'élan créateur

Rouge. Couleur de la séduction,
de l'Amour et de la vie…
Rouge. Couleur de l'enfance, des bonbons
et de la confiture, des ballons qui s'envolent,
du Père Noël…
Rouge. Couleur du désir, du pouvoir
et de la guerre.

FRANCO COLOGNI

Rouge

205

Il suo alito è aroma di miele ai chiodi di garofano.
La sua bocca, deliziosa come un mango maturo.
Baciare la sua pelle è assaggiare il loto.
L'incavo del suo ombelico è un ricettacolo di spezie.
Quali altri piaceri vi si adagino, lo sa la lingua.
Ma non può dirlo.

Srngarakarika, Kumaradadatta, XII secolo d.C.

# ASSOLVERE I PECCATI DI GOLA

Immaginatevi una bellissima serata di fine ottobre al mare, una di quelle serate speciali, tiepide per cui si possono lasciare le finestre socchiuse e dalla terrazza si intravede un cielo color lavanda scurissimo, pieno di stelle e uno spicchio di luna luminosissimo. Anche il rumore delle onde che si frangono sulla battigia accompagnano i miei pensieri con un ritmo regolare, antico…

Ed ecco… il suono del cellulare di colpo mi risveglia da questo stato di sogno, è la voce di un carissimo amico che non vedo da tanto tempo. «Ciao, sono in zona posso venire a salutarti? Ho anche un regalo per te». Incuriosita e contenta rispondo: «Certo, ti aspetto». Un rapido sguardo allo specchio, una pettinata con le dita ed ecco il campanello. È già qui! Un abbraccio affettuoso e mi ritrovo tra le mani una piccola scatola: l'istinto è quello di portarla vicino al viso e un profumo denso, inconfondibile mi assale… «Ma è tartufo!» Esclamo sorpresa, apro la scatola… ma è bellissimo, grande e così odoroso! Un attimo di riflessione poi gli chiedo: «Perché non ti fermi a cena e ce lo mangiamo?», «Aspetta ho un'idea», abbiamo detto la stessa frase insieme…«ma con le uova all'occhio di bue!» Veloce apparecchio il tavolo davanti la finestra, una candela, un fiore, piatti, posate e due bicchieri delli. In cucina prendo le uova, sto per rompere insieme tuorlo e albume nella padella dove sta sfrigolando un minuscolo pezzettino di burro, quando una mano mi ferma… «Aspetta»… mi dice , «faccio io, vedi prima l'albume da solo, deve appena rapprendersi … poi il tuorlo… aspetti una manciata di secondi e spegni. Lascia che il tuorlo ondeggi piano piano…»

E poi di corsa seduti con impazienza ad afferrare la taglierina e affettare grosse scaglie di tartufo sul tuorlo. Ecco le fette di pane casereccio che affondano nel tuorlo, con quanta ingordigia il primo pezzo si avvicina alle labbra, oh! che bontà! Questo sapore – uovo pane tartufo –, tutto confuso in un profumo divino… Sembriamo due bambini impazienti che mangiano voraci, poi alziamo lo sguardo e ci viene da ridere, però lo sguardo indugia, una mano si muove verso le mie labbra… «Aspetta…» mi dice, «hai una briciola sull'angolo…», il dito sfiora il labbro raccoglie la briciola e la porta verso la sua bocca … lo sguardo non si stacca … ma che succede? «Che buono questo sapore», mi dice «uovo, tartufo e un po' della tua saliva… è delizioso!»

Sento il cuore battere forte forte, ma come, non è il mio vecchio amico?

Per riflettere, no, riflettere è troppo, giusto per riprendere fiato, mi alzo e dico… «Ma il vino? Ho dimenticato la cosa più importante!» La solita risposta … «Aspetta… lascia passare un piccolo intervallo… lascia un solo bicchiere…, dobbiamo posare le labbra nello stesso punto, le nostre labbra trascinano i sapori forti dell'uovo e del tartufo sul bordo, dobbiamo sentire entrambi la stessa emozione»…«Ecco il vino che ho portato», mi dice… aveva già messo a raffreddare una magnum di Cervaro della Sala, … «questo è il vino giusto secondo me», dice , «floreale come il nostro animo stasera, avvolgente ma nello stesso tempo fresco, pulito… non cancella il sapore del tartufo che questa sera è il tuo re.» Che dire… io avevo pensato a un dolcetto di Dogliani, fresco con sentore di viola… «Ma perché non ce lo beviamo dopo, suggerisce.» Dopo… Dopo che cosa? Che strano! Il tartufo ha trasformato l'amicizioa in un'inizio di storia di "cucina"… con piaceri e qualche peccato!

GIUSEPPINA VIGLIERCHINO

It is a coincidence that so many people who care about fine art are passionate about culinary art!

# Haute Couture

CHRISTIAN DIOR
*at Moulin du Coudret, Milly-la-Forêt*

*Christian Dior, un seigneur de la Renaissance,
attardé sur notre planète en cette fin du XX$^e$ siècle.
Un homme qui possédait le sens et le culte
du beau, toujours à la recherche de la perfection,
homme d'esprit et de cœur, fin gourmet,
pour qui les choses de la table
et de la gastronomie étaient œuvre
de Dieu et des hommes.
Il m'honorait de son amitié, et j'avais toujours
plaisir à accueillir cet homme aimable,
courtois, qui dans les mets recherchait
non seulement les subtilités, les nuances,
mais aussi et surtout les accords,
pour un juste équilibre, dans une parfaite harmonie.
Il avait le sens de la cuisine, il en était passionné.
Il me souvient qu'un jour, lui ayant préparé
et servi des œufs brouillés aux truffes,
il me dit: "Raymond Thuilier, c'est irréel
et grand par sa simplicité. Rendons gloire
et hommage à celui qui dans son infinie bonté
a mis la bouche près de l'esprit."
Combien il avait raison. La satisfaction
gourmande n'est-elle pas déjà dans la vision d'un plat?
C'est en effet dans la recherche de la simplicité
du beau et de la qualité que l'on découvre
les vraies valeurs humaines, source du génie,
des meilleures et des plus grandes joies.
Il parlait d'un vin comme d'une élégante et belle fille.
"Ce vin a du corps, de l'esprit et du jarret.
"C'est un vin amoureux, qui est ferme
sans être dur, et câlin à souhait."
Il comparait très volontiers la cuisine,
et la passion qu'il en avait, avec son métier.
"Les matériaux en cuisine sont aussi nobles
qu'en couture, et ce que j'aime dans l'exercice
de ma profession, me disait-il, c'est l'association
à la réalisation de l'œuvre de la participation
des mains et de l'esprit. J'éprouve en cuisine
les mêmes sensations, et si la cuisine
est une œuvre de l'intelligence, les mains
en sont les exécutantes fidèles,
car la réalisation d'une œuvre ne peut être
parfaite que si l'imagination créatrice
est associée d'une façon fidèle aux mains."
Les qualités d'une sauce ne révèlent-elles pas,
déjà, au toucher, le plus subtil des sens...?
J'évoque très souvent la belle et noble figure
de Christian Dior, amoureux de son métier,
il fut grand parmi les grands.*

RAYMOND THUILIER

Jeroboau    5 litri
Imperiale   6 litri
Baltharar   12 litri (6 bott. da 0,75)

# I Sensi e il Vino

Senti dapprima un vago profumo di languore maturo adombrato nella tinta violacea di velluto, subito dopo, fra la lingua e il palato, ti solletica un asprigno sottobosco d'autunno, assieme a una folata umida di brezza che è appena passata fra la filari di uve gonfie.

Via via che scende verso la gola, il sorso si fa più asciutto ma anche dolce e un sentore morbido di cannella ti accarezza le corde vocali, ti si spalanca agli occhi…

Ma… poi… nell'istante perfetto in cui il gesto lento… lascia riposare il bicchiere… e il sospiro beato inghiotte,… arriva… e risale su… lungo il gorgo di sensazione che il sorso ti ha lasciato, scendendo…

## Stravaganze con bollicine

*Da sempre, nell'immaginario collettivo,*
*il lusso viene fatto coincidere con la lussuria.*
*Sappiamo, del resto, che lo champagne*
*suscita desideri peccaminosi e voluttuose fantasie.*
*Conservate le bottiglie di champagne o spumante*
*in cantine dotate di temperatura non superiore*
*ai 15°, adagiandole sugli appositi cavalletti.*
*Con due ore di anticipo sulla stappatura,*
*preparate il secchiello con ghiaccio, acqua, sale grosso,*

*e riponetevi il vino alla temperatura di circa 80°.*
*Armatevi, quindi, di pinze e tagliacapsule,*
*sostenete la bottiglia alla base e procedete*
*alla rimozione del tappo.*
*Ricordate che il botto è concesso solo a Capodanno*
*o in circostanze analoghe.*
*Servite questi vini frizzanti in calici a tulipano,*
*o in flùte, per esaltarne il perlato, che,*
*con la sua effervescenza, porta il bouquet in superficie*

MENU ET AUTRES VINS

NOTES ET COMMENTAIRES

REF.

VIN

NOM

MILLESIME

ELEVEUR/PRODUCTEUR/NEGOCIANT

FOURNISSEUR

QUANTITE ACHETEE

TAILLE

PRIX

DATE DE COMMANDE

DATE DE LIVRAISON

COMPLEMENTS

EMPLACEMENT

COMMENTAIRES CRITIQUES

DATE

NOMBRE UTILISE

NOMBRE RESTANT

OCCASION/INVITES

Seppelt Riesling 1984 Eden Vallery (Australia)

Ridge Vineyards Monte Bello Santa Cruz Mountains (California)

Bodegas Riojonas Vine Albina 1942 Ryoca (Spain)

Château Laoville las Cases Sint Julien

Château Haute Brion 1989

Castello di Fonteruoli Sierpi

Roggio del filare Rosso Piceno 1995 Ercole Velenosi

La Grande Dame Rosé 1998 Veuve Cliquot

Barolo Bricco Rocche Ceretto

Montevetrano 1993 Silvia Imparato

Barolo Serralunga Ceretto 1971

Château Cheval Blanc 1985

Lamaione Merlot di Castelgiocondo Montalcino 1997

Rosso Montalcino Salicutti 1999

Clint Wilsey Mondavi Wines

Semillon 1996 Penfold's Barossa Vallery (Australia)

Quinta do Carmo 1996 Alentejo (Portugal)

# Abbinamenti Tra Cibi e Vini

Abbinare sapientemente cibo e vino significa creare un'armonia di profumi e gusti che danno sensazioni diverse.

La bevanda non deve predominare sul piatto: il corpo del vino deve essere adeguato alla struttura della pietanza.

**Antipasti**: vanno preferiti vini bianchi secchi, se la pietanza è molto gustosa, rosati o rossi giovani.

**Pasta e Riso**: dipende dal loro condimento; se è a base di pesce, sono da preferire vini bianchi, più o meno corposi in relazione alla composizione del piatto. Con condimenti a base di carne, si opta per un vino rosso, non troppo corposo.

**Carne**: le carni rosse si accompagnano a vini rossi, mentre quelle bianche, possono essere gustate anche con vini bianchi di buon corpo.
(L'utilizzo di un vino nella preparazione del piatto - stracotti - brasati - cacciagione impone che venga usato lo stesso anche per l'abbinamento)

**Pesce**: Richiede generalmente vini bianchi o rossi leggeri. Il tipo di cottura influenza la scelta del vino: i pesci bolliti ne vi chiedono uno meno corposo di quelli cotti al forno, mentre il pesce fritto, come in genere tutte le fritture, richiede un vino bianco secco con buona acidità.
Pesce con sapore delicato si sposano bene con vini bianchi secchi, leggeri o con champagne.

**Formaggi**: L'abbinamento con i formaggi è molto complesso: la diversità sta in: formaggi a pasta molle, e quelli non stagionati richiedono vini poco corposi, bianchi o rossi leggeri; i formaggi a pasta dura e quelli stagionati prediligono invece vini con maggior struttura.

**Dessert**: i prodotti di pasticceria richiedono vini amabili o dolci. I dessert a pasta lievitata come il panettone vino leggero e dolce, mentre creme, zabaglione e panna, possono essere esaltati da vini liquorosi

# Bibliografia generale

## 1. Ricettari e manuali del passato

Carême, M.A., *L'Art de la cuisine française au XIX^eme siècle*, 5 voll., Parigi 1847

Carême, M.A., *Le Cuisinier parisien*, Parigi 1842

Carême, M.A., *Le Maître d'hôtel français ou Parallèle de la cuisine ancienne et moderne*, 2 voll., Parigi 1822

Carême, M.A., *Le Pâtissier pittoresque*, Parigi 1828

Carême, M.A., *Le Pâtissier royal parisien ou Traité élémentaire et pratique de la pâtisserie ancienne et moderne*, Parigi 1985

Cavalcanti, I., *Cucina teorico-pratica col corrispondente riposto*, Napoli 1839 (rist. anast. con saggio allegato di Massimo Alberini, Franco Angeli, Milano 1969)

Cervio, V., *Il Trinciante*, Giulio Burchioni e Tipografia Gabiana, Roma 1593 (a cura di E. Faccioli, *Arte della cucina, cit.*, e L. Firpo, *Gastronomia del Rinascimento, cit.*)

Chapusot, F., *La cucina sana, economica ed elegante secondo le stagioni*, Favale, Torino 1846

Corrado, V., *Il credenziere di buon gusto*, Treves, Napoli 1801

Dubois, U., Bernard, E., *La Cuisine classique*, 2 voll., Dentu, Parigi 1864 (tr. it. Milano 1892)

Escoffier, A., *Les Fleurs en cire*, Bibliothèque de l'Art Culinaire, Parigi 1910

Escoffier, A., *Le guide culinaire*, Flammarion, Parigi 1907

Evitascandalo, C., *Dialogo del Trinciante*, Roma 1598

Evitascandalo, C., *Il libro dello scalco*, Roma 1609

Faccioli, E. (cur.), *Arte della cucina. Libri di ricette, testi sopra lo scalco, il trinciante e i vini dal XIV al XIX secolo*, 2 voll., Il Polifilo, Milano 1966

Filippo L. (cur.), *Gastronomia del Rinascimento*, Utet, Torino 1974

Garlin, G., *Le Cuisinier moderne*, 2 voll., Garnier, Parigi 1889

Giegher, M., *Li tre trattati*, Padova 1639 (in E. Faccioli, *Arte della cucina, cit.*)

Gilliers, J., *Le cannameliste françois, ou Nouvelle introduction pour ceux qui désirent apprende l'office*, Leclerc, Nancy 1751

Habel, M., *Das elegante Garnieren (anrichten) der verschiedenen Speisen*, Regensburg, Stahl's (s.d.)

Krackhard, C., *Neues illustrierte Konditoreibuch*, Killinger, Wiesbaden 1872

Marinetti, F.T., *La cucina futurista*, Sonzogno, Milano 1932

Marrec, F., *Traité général de l'ornement artistique dans la cuisine*, Librairie des Pubblication Nouvelles, Parigi (s.d.)

Menon, *Les soupers de la cour*, 4 voll., Parigi 1755

## 2. Volumi del presente

Coe, S.D., Coe, M.D., *The True History of Chocolate*, Thames and Hudson, New York 1996

Kirdar Sindi, R., Craig-Martin, J., *Be My Guest: Theme Party Savoir-Faire*, Assouline, New York 2002

Rylands, J.T., *Dining with Peggy Guggenheim*, (s.l.) 1999

... alla fine ringrazio tutti:

le persone che mi hanno ispirato, sostenuto, ascoltato ...

aiutato nel portare a termine questo mio carnet de voyage.


Insomma, tutti quelli che mi amano e mi leggono!

A very special thanks to Bergdorf Goodman for
granting us permission to reproduce some pictures
and images, especially the one on the jacket cover.

*Editing*
Valentina Balzani

*Layout*
Sabina Brucoli

*Translations*
Marina Marcello (pp. 8-9) and Robert Burns (pp. 16-17, 37-38, 76,
112-113, 168-169, 173-174), Language Consulting Congressi, Milano

First published in Italy in 2005 by Skira Editore S.p.A.
Palazzo Casati Stampa
via Torino 61
20123 Milano
Italy
www.skira.net

Printed and bound in Italy. First edition

ISBN-13: 978-88-7624-434-6
ISBN-10: 88-7624-434-4

Distributed in North America by Rizzoli International Publications,
Inc., 300 Park Avenue South, New York, NY 10010, USA
Distributed elsewhere in the world by Thames & Hudson Ltd.,
181A High Holborn, London WC1V 7QX, United Kingdom